おべんと帖 百

伊藤まさこ

マガジンハウス

一

はじめに

小さかった娘もこの春で高校3年生になります。お弁当作りは、今年で10年目。月日が経つのは早いものだなぁとびっくりしています。娘の成長は自立でもあって、私の知らない世界へどんどん興味の幅を広げていく彼女に対して、さみしいと思う気持ちが少々。でも頼もしいなと思うほうがぜんぜん大きい。これから先、その頼もしさを広げていくために私ができることってなんなのだろう？と考えると、今まで続けてきたのと変わることなく、ごはんを作ることなのではないかな、と思っています。毎日のごはん作りとは少し違った意味合いを持つお弁当作り。冷めてもおいしいことを前提に作る料理というのは、私の中では、なかなか興味深い課題でした。

10年間、変わらず続けてきたことといえば、ありきたりといえばありきたりなのですが、自分がおいしいと思うものを詰めること。それに尽きます。それは見た目には茶色くてとても地味なものばかりなのですけれどね。

朝、行ってらっしゃい！と、ずしりと重いお弁当を渡せば、夕方「ただいま」。空になったお弁当箱が返ってきます。忙しくてあまりおしゃべりできない日があったとしても、この空のお弁当箱を見れば、ああ今日一日元気で過ごしたんだな、そう思う。気がつくとお弁当は私にとってかけがえのないものになっていました。

この本の中には、娘に作った毎日のお弁当をはじめ、友人知人おすすめのお弁当あり、本や漫画の中に登場するお弁当あり。おかず作りを習ったり、お弁当箱作りを見に行ったり……。小さなお弁当にきゅっと詰まったおいしい話、たのしい話をたくさん詰めました。あなたの明日からのお弁当作りにこの一冊が役立ってくれたら、とてもうれしい。

伊藤まさこ

もくじ

あの人（私）のお気に入り

教わるレシピ

本の中のお弁当

お弁当箱をたずねて

＊大さじ１は 15㎖、小さじ１は５㎖、１カップは 200㎖です。
＊「日々のお弁当」は著者自身のお弁当作りエッセイ、「あの人のお気に入り」は各人おすすめのお弁当紹介、「教わるレシピ」は著者取材によるお弁当レシピ、「本の中のお弁当」はお弁当が登場する書籍紹介です。

二

日々のお弁当／海老と空豆の揚げもの

海老と空豆の揚げもの ▼レシピ
素揚げいんげんのおかかじょうゆ ▼レシピ（P65）
切り干し大根のサラダ
海苔弁

お弁当のおかずに煮詰まって「何がいい？」と聞くと、70％くらいの確率で「海老と空豆の揚げたの」という答えが返ってきます。今はスーパーなどで春以外にも見かけることが多くなった空豆ですが、旬を知ってもらいたいなぁと思って、我が家では好物とはいえ季節限定のおかずにしています。……という私の想いとは裏腹に、冬でも空豆が食べたいという娘ですけれど。素揚げいんげんのおかかじょうゆ、切り干し大根のサラダに海苔弁。「今日は好きなものばっかり！」とほくほくして学校に行きました。よかったね。

おかずを詰める時は、京都のお箸店〈市原平兵衛商店〉の「盛りつけ箸」が大活躍。忙しい朝とはいえ、盛りつけはていねいにしたいものです。

レシピ

海老と空豆の揚げもの

材料　1人分
空豆　6粒
海老　3、4尾
片栗粉　適宜
塩　少々
揚げ油　適量

作り方
1　空豆はさやから出し、皮をむく。
2　海老は殻をむき、背わたをとって水分をペーパーでよく拭き取る。
3　2を包丁で粗く叩き、1と片栗粉を入れて食べやすい大きさに丸める。まとまりづらかったら、少量の水を加える。
4　180℃に熱した油でからりと揚げ、仕上げに塩をふる。

＊ほくっとした空豆と
海老のぷりっとした食感が
楽しい揚げものです。
見た目に愛らしい色あいも
魅力。

三

ごぼうと豚バラ肉の赤出し
ごま、じゃこ、ゆかりのおにぎり

ささがきにしたごぼうと豚バラ肉をごま油で炒め、だしを注いで火が通ったら赤出しを。これは母に習ったもので時々食べたくなる懐かしの味。こっくりしていて食べごたえがあるし、何よりごはんと合うのです。お味噌汁は煮えばなが好きですが、これは翌日食べてもおいしいな、と思う。だからお弁当にもどうかな?と聞いたら「うんっ!」と元気な返事が。このお味噌汁、娘も大好きなのです。ゆうべ作ったものを温め直しスープカップに入れて、おにぎりを作ったら完成。おにぎりはごまとじゃこ、ゆかりを混ぜ込んで。5分でできたけれど、満足度の高いお弁当になりました。

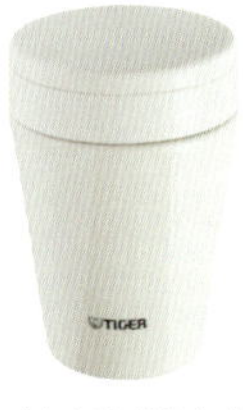

スープやお味噌汁などを持っていけるスープカップがあると、お弁当の幅も広がります。何より温かいものが食べられるのって、うれしいみたい。

日々のお弁当／四色弁当

鮭
炒り卵
鶏そぼろ
絹さや

鶏のそぼろは思い立った時に作り、瓶詰めにしておきます。この他にじゃこや、昆布の煮たの、鮭を焼いてフレーク状にしたものなども瓶に。この瓶詰めさえあればお腹が空いている時でも安心。あとはごはんとお味噌汁さえあれば。瓶詰めはお弁当を作る時も重宝します。

ゆうべは珍しく夜ふかし。朝ふらふらになりながら、お弁当作らないと……と必死になってできたのがこちら。ばたばたと作ったわりにきれいな仕上がりになったような気がしますが、それはきっと鮭のフレークと卵の色あい、それから3色のおかずの間に置いた絹さやのおかげじゃないかな。絹さやはなんとなく添えものとして扱われがちだけれど、私は味も食感も大好き。旬の時期は、見かけると必ず買う食材です。

五

日々のお弁当／焼きお揚げ

焼きお揚げ
こんにゃくの炒めもの
にんじんのきんぴら
ゆかり、桜の花の塩漬けおにぎり

冷蔵庫に買いおきしているお揚げ。煮ものに、炊き込みごはんにとあらゆる料理に使いますが、じつは一番好きなのは、かりっと焼いてしょうゆを少したらしただけ、というシンプルな食べ方です。さすが親子とあって、娘もお揚げの焼いたのが好き。もちろん焼きたてのほうがおいしいに決まっているけれど案外お弁当にもいけます。にんじんのきんぴら、こんにゃくの炒めもの……と見た目がかなり渋くなったので、おにぎりの上にゆかりと桜の塩漬けをのせて少々春っぽく、かわいらしくしてみました。

六

日々のお弁当／すりおろしれんこんの揚げもの

すりおろしれんこんの揚げもの
五目煮
花豆の甘煮
海苔弁

れんこんはさっとゆでるとシャクっとした食感だし、すりおろしてだしに入れると独特のとろみが出る。おもしろい野菜だなと思います。娘はれんこんのあらゆる食感が好きなよう。お弁当のおかずにあれこれと使います。今日はすりおろしたれんこんを水きりしたものに、片栗粉を混ぜて素揚げ。塩をぱらりとふってお弁当箱の中へ。もっちりした食感のれんこんと花豆の甘煮、五目煮、海苔弁。「この組み合わせ、また作ってね」とかなり気に入った様子。

スヌーピーの箸箱は娘の見立て。しかしプラスチックのお箸は食べづらいので、中のお箸は箸箱のサイズに合ったものを市原平兵衛で。

七

あの人のお気に入り

コーヒー焙煎家

オオヤミノルさん

崎陽軒のシウマイ弁当

「好きなお弁当はなんですか？」

コーヒ焙煎家のオオヤさんにたずねると、日本各地のおすすめがあがりました。

京都の老舗仕出し屋さんのお弁当から、駅で気軽に買えるものまで。それぞれのお弁当に対して「おいしさの在り方」のようなものを考察していらっしゃる。なかでもとりわけ興味を引いたのが、崎陽軒のシウマイ弁当に対する深い愛でした。

「新幹線に乗る前、さあお弁当でも買おうかなと思った時に、ついつい手が伸びる。量といい、味といい、値段といい、いろいろな意味でちょうどいい。駅で買えるお弁当のなかでは最高と思います」

京都出身のオオヤさんにとってシウマイ弁当は、関東のソウルフードなのだとか。

「経木の箱から伝わるごはんの湿り気もいい感じでしょう？　黄色い包みを取ってふたを開けたら、どこから せめようかと思いますね。シウマイからいくか。それともまわりからいくかって。黒ごまののったごはんからいくかって。何よりごはんがおいしい」

オオヤさんのシウマイ談義は、その後一時間くらい続いたのでした。

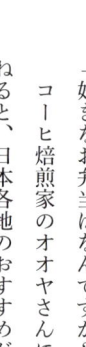

八

あの人のお気に入り
オオヤミノルさん

赤トンボのサンドウィッチ

「赤トンボはね、コーヒーの修業をしていた若い頃、ちょっと背伸びをして行ってたんですよ。当時は洋食屋さんも営業しておられたんやけど、お金がないから、ハムサンドとコーヒーだけオーダーして。そのハムサンドが最高においしくて。ここのお店のサンドウィッチやったら、おもてなしになるでしょ？」

　今でもときどき家族へのお土産にしたり、京都に帰るときに友人知人へお土産にするのだそうです。

　オオヤさんが「ハッとするほどおいしい」という赤トンボのサンドウィッチ。今日はフルーツサンドと卵サンド、ミックスサンド、野菜サンド（写真右から）をオーダー。

　ひと口食べると、オオヤさんが「おもてなしになる」と言った意味がすとんと納得できる味わい。「『ていねい』をサンドウィッチで表現しなさい」と言われたら、きっとそれは、赤トンボのサンドウィッチなのではないかな。

「前の日に予約しておけば、朝早くから受け渡ししてくれるのもうれしい。このサンドウィッチを持って、公園に行って食べたりしてね。なんか、いいでしょ？」

17

オオヤミノル

コーヒー焙煎家。オオヤコーヒ焙煎所代表。京都出身。

異端焙煎家ともいわれ、そのコーヒーはとびきり人気で入手困難。

九

海苔弁
蕗の炒め煮

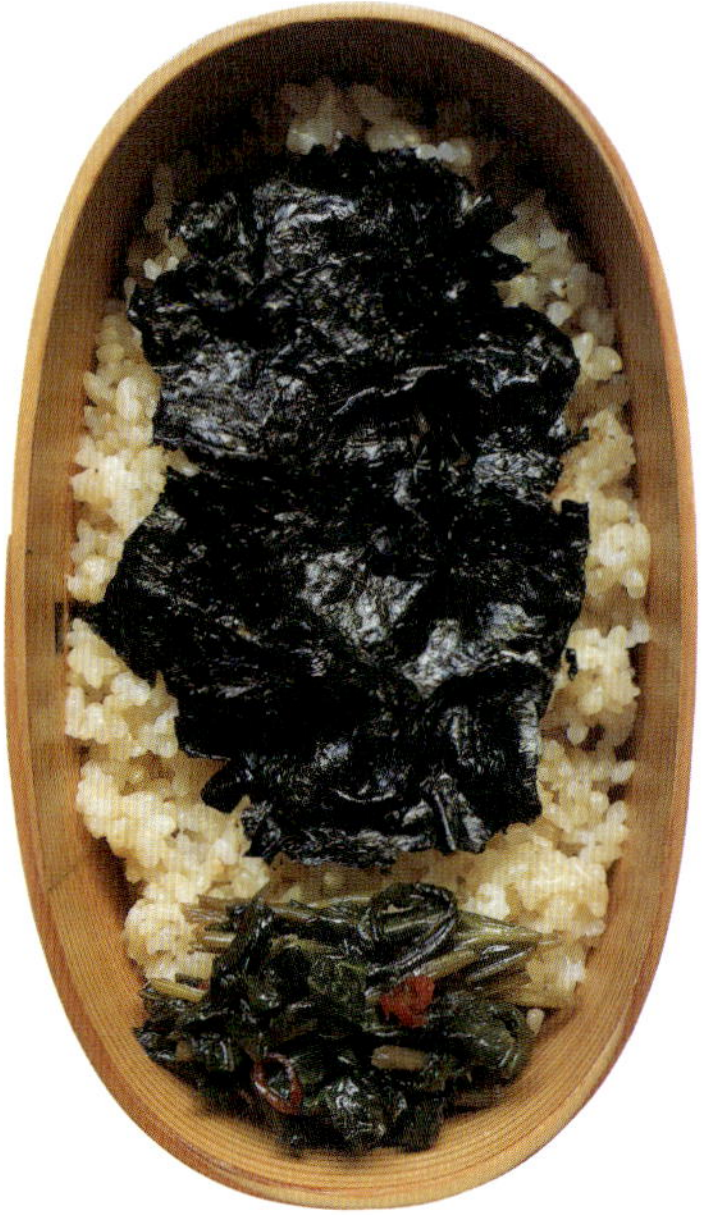

海外を旅した時にふと恋しくなるのが海苔弁です。これは向田邦子さんのエッセイ（P46）からの受け売りなのですが。また、ちょっと胃が疲れたな……なんて時も海苔弁が食べたくなります。いつもは白いごはんで作るけれど、今日はちょっと目先を変えて玄米にしてみました。お弁当箱にうすく玄米を敷き、海苔→しょうゆ→玄米……を繰り返すこと3回。ごはんにしっかり味がついているので、おかずは蕗《ふき》の炒め煮をちょこんと添えるだけ。これで熱めのほうじ茶があれば最高です。ちなみに、こちらは私用。娘もきっと好きだと思うけれど、学校でお弁当箱広げてこれが現れたらきっとびっくりするだろうなぁ。

海苔は〈ほぼ日〉で売られている「海大臣」を。ぱりっとしていて海苔の風味がよくて……。封を開けると、まずはそのままバリバリ。たまらぬおいしさです。

十

日々のお弁当／牛肉のしょうが焼き

牛肉のしょうが焼き
桜海老入り卵焼き
絹さや

なぜだかよく牛肉をいただきます。母自家製のにんにく味噌と焼いた牛肉をキャベツに包んで食べるのが薄切り肉の一番好きな食べ方ですが、お弁当にそれを持っていくわけにもいかず。では肉じゃがは？とも思うのですが娘はあんまり好きではないみたい。でもせっかくの肉。お弁当に活かさない手はないなと思い、あれこれ作った中で一番好評だったのがしょうが焼きです。え？　しょうが焼き……。それでいいんだと拍子抜けしたのですが、どうやら牛肉には、にんにくやしょうがなどのパンチのあるものを効かせたほうが好きなようです。先日はなんと2キロの牛肉が届きました。焼き肉にしてもまだまだ食べきれなかったのでしょうゆと酒、しょうがのすりおろしに漬けたものを小分けにして冷凍。これで10回分くらいのお弁当のおかずができたわとひと安心。お弁当のおかず貯金というわけです。

十一

教わるレシピ

料理研究家
飛田和緒さん

「うちの子は食いしん坊だからお友だちのお弁当をよく見てるわね」と飛田さん。花之子ちゃんは、学校のお弁当の時間からいろんなことを感じとっているのだそう。

娘・花之子ちゃんに作るお弁当

小学生のお嬢さん、花之子ちゃんのために毎日お弁当を作る料理家の飛田さん。この春で7年目に入るのだそう。「特別なことはなんにもしてないの。お弁当用に下ごしらえしていた時期もあったんだけど面倒になっちゃって。だって毎日のことじゃない？」。塩むすびや煮もの、和えものなど、お弁当に入れるものはいつも家で食べているものがほとんどだとおっしゃいますが、飛田さんなりのルールはいろいろあるみたい。「たとえばメインに時間がかかる時は野菜はゆでるだけとか、和えものに凝った時はソーセージを炒めるだけとか。朝は忙しいからバランスを考えて」。お弁当にかける時間はだいたいいつも10分くらいなのだそう。「前の晩、揚げものだったらパン粉や小麦粉が入ったバットをそのまま取っておいて、翌日お弁当の揚げものを作る時に使ったり。一から準備すると大変だけれど、これなら朝に揚げものする気になるでしょう？」。飛田さんのお弁当作りは毎日の暮らしのリズムの中にあるのでした。

最高においしい飛田さんの塩むすび。小さめでかわいらしいのでいくつでも食べられます。

ひとつのお弁当の中に、いろんな味わいがとじこめられたお弁当。
キャラ弁にあまり興味を示さないという花之子ちゃんですが、こんなおいしいお弁当を食べているんだもの、と納得。

レシピ1

塩むすび

材料

米　水と同量
水　米と同量
塩　適量

作り方

1　使い慣れた土鍋や炊飯器などで、いつも通りに米を炊く。
2　炊きあがったら、茶碗にかるくよそい、まな板の上などに山を作る。同様にして、数分の山を作っておく。
3　握れるくらいの熱さになったら（少し熱いと感じるくらい）、かるく手をぬらして塩を取り、山を作った順にふんわりと握る。

＊炊きあがりの熱いうちに握ることが一番のポイント。ごはんの蒸気が残っているため、ふんわりと仕上がるのだそう。
＊小さめのお茶碗に炊きたてごはんをよそい、まな板の上へのせたら手早く握っていきます。塩は気分によっていろいろ使い分けているそう。今日は沖縄のものを。他に藻塩もよく使うとか。

レシピ2

鶏の唐揚げ

材料　作りやすい分量

鶏もも肉　1枚
にんにくしょうゆだれ
　大さじ1
片栗粉　大さじ2～3
揚げ油(米油など)　適量

作り方

1　鶏肉はひと口大に切って、バットに広げる。にんにくしょうゆだれをかけ、よくもみ込んで10分ほどおく。

2　1の鶏肉に片栗粉をまぶす。低温の油に丸めながら入れ、じっくりと4～5分揚げる。

にんにくしょうゆだれ

作り方

空き瓶に皮をむいたにんにくを丸ごと入れ、しょうゆを注ぐ。1週間～1か月ほどで使える。

＊漬けてから1週間後くらいからが使い始めの目安。味が馴染んでおいしいのだとか。すぐに使いたい場合は薄くスライスしたものを入れても。

＊漬かったにんにくは刻んで炊きたてのごはんに混ぜたり、牛やかつおのたたきにのせるとおいしいのだそう。

レシピ3

ほうれん草とブロッコリーのくるみ和え

材料　作りやすい分量

ほうれん草　1株
ブロッコリー　1/4株
しょうゆ　小さじ1/4
砂糖　小さじ1/4
くるみ　5個

作り方

1　野菜はそれぞれゆでておき、食べやすい大きさに切り、しょうゆ少々（分量外）をかけてかるくしぼっておく。

2　フライパンでくるみを煎り、すり鉢で細かく砕き、しょうゆと砂糖を入れる。

3　2に1の野菜を入れ、よく和える。

＊野菜は小松菜などの青菜などなんでも。飛田さんは冷蔵庫の中と相談して組み合わせを考えるのだとか。

レシピ 4

根菜の煮もの

材料　作りやすい分量

にんじん　1本
ごぼう　1本
れんこん　1/2節
油揚げ　1枚
だし　適量
砂糖　大さじ1と1/2
しょうゆ　大さじ1と1/2

作り方

1　ごぼうとにんじんは棒状に、れんこんはひと口大に切る。油揚げは切れ目を入れて1枚に開いてから細長く2枚に切り、ごぼうとにんじんを2本ずつ巻いて、楊枝で留める。

2　鍋に1を入れ、ひたひたのだし、砂糖を入れて、コトコト煮る。やわらかくなるまで火が通ったら、しょうゆを入れて10分煮て火を止め、冷ます。

＊お弁当に煮ものを入れることが多いという飛田さん。じんわりやさしいお母さんの味がしました。

十二

キャベツのポトフ
パン

キャベツの煮込みは娘の好物。4分の1くらいなら軽々食べてしまうのではないかな?というくらいの。朝食によく作るメニューですが、寒い日はスープのお弁当もよいものです。スープストックなどは使わずにソーセージとクミン、ブーケガルニと野菜から出る味わいだけで勝負。ソーセージはなるべくおいしいものを選びます。前夜、鍋に材料を入れておき、翌日水を足して火にかけること20分くらいでできあがり。いろんなおかずをちょこちょこ詰めるお弁当よりだんぜん楽ちんです。塩の小瓶を添えて、味つけは食べながら自分の好みでどうぞ。塩とかアリッサとか、学校に置いておけばいいのに、と思うけれど「そこまではいい!」って。塩がロッカーに……なんて高校生おもしろいのにな。

十三

日々のお弁当／ヒレカツサンド

ヒレカツサンド
ポテトサラダ
にんじんサラダ
コルニッション
いちご

前日のおかずがカツだった場合、多めに下ごしらえしておき、翌日揚げてお弁当にします。卵でとじてカツ丼という手もありますが、せっかくかりっと揚がったカツを卵とだし汁でとじるのはなんだかしのびなくて。娘も「分かる、それ！」と言っていたのでカツ丼にするのはごくたまに。食パンは焼くこともあれば、そのままの時も。気分によっていろいろです。ただおいしいバターをぬることだけは忘れずに。今日のお弁当箱は深めなので食パン一枚分のサンドウィッチを入れてもまだまだ余裕。サラダ2種類入れても隙間が空くので小さめのいちごを入れました。「おかずにフルーツのにおいがつくのも、フルーツにおかずのにおいがつくのもなんだかちょっと」と言う娘ですが、今日はパンだしまあいいでしょう。コルニッションはマイユの瓶詰め。ふだん常備しておくと何かと重宝します。

十四

日々のお弁当／スパムにぎり

スパムにぎり
干しゴーヤと卵の炒めもの

もう20年以上も前にハワイのマーケットで巨大スパムにぎりを見かけて、なんとざっくりした食べものなのだ……とびっくりして以来、なんだか遠巻きに見ていたスパムにぎり。先日、娘がどこかでスパムを食べたらしく「おいしかったよ」とのこと。ならば！と記憶を頼りに作ってみましたが、塩気の効いたスパムとごはん、海苔が三味一体となって……おいしいではありませんか。長い間、ざっくりした食べものなんて思っていて悪かったなぁと反省しました。スパムにぎりに添えたおかずは、台湾の市場で買った干しゴーヤと卵の炒めもの。こちらはお酒としょうゆで味つけを。スパムは缶詰、ゴーヤは乾燥、卵はいつも冷蔵庫にあるもの。食材が何もなくて困った時にはこんなお弁当もいいものだなぁと思った次第です。

十五

日々のお弁当／ゆで鶏のネギソース

ゆで鶏のネギソース
ゆで卵
じゃこと切り干し大根の和えもの
野沢菜の漬けものの炒めもの

少し酸っぱくなった野沢菜の漬けものをごま油と唐辛子で炒め、しょうゆと酒で味つけしたものをごはんの上にのせました。ごはんがもりもり進むおかずです。ゆで鶏は作りおきのネギソースと和えたもの。太白ごま油に刻んだネギを入れ、焦げないようにじっくり火を通し、すりおろしたしょうがを加え最後に塩で味つけしたらネギソースの完成。ゆで鶏に和えたり、お粥に入れたり、炒飯に入れたり……。鶏をゆでている間にゆで卵とじゃこと切り干し大根の和えものを作ります。料理全般に言えることですが、特に時間のない朝のお弁当作りは頭の体操にいいみたい。あれしてこれして……と段取りを考えながら作るうちに、頭がすっきりしてくるものです。

十六

ピェンロー ▼レシピ
桜海老のおにぎり

スープカップがあれば鍋だって持っていける？と思い、今日はピェンロー弁当です。前日、干ししいたけを水に戻し、鍋に白菜と豚肉を交互に重ねておきます。朝起きたら干ししいたけの戻し汁を鍋に入れ、お湯で戻した春雨を入れて30分コトコト。その間にかるく炒った桜海老をごはんに混ぜておにぎりを作ります。小瓶に塩を入れて行ってらっしゃーい。さて、帰ってきた娘にお弁当どうだった？と聞いたら「春雨がぶよぶよだったー」とのこと。やっぱりそうだよね。それ心配していたのです。お弁当に春雨は入れない、肝に銘じました。あ、小さな干ししいたけはかわいいけれどスープカップに入れる前に取り除くこと。スープに干ししいたけの味が充分しみ出ていますからね。

レシピ

ピェンロー

材料　作りやすい分量
干ししいたけ　5個
白菜　1/8個
豚バラ肉　5枚

作り方
1　干ししいたけは、1カップの水（分量外）にひと晩浸けて戻しておく。
2　白菜と豚バラ肉は食べやすい大きさに切る。
3　小さな鍋に白菜と豚バラ肉を交互に重ね、干ししいたけを戻し汁ごと入れて火にかける。
4　煮立ってきたら弱めの中火にして30分ほど煮る。

＊失敗した経験から
お弁当に春雨はなし！
味つけはせずに
塩や柚子こしょうを
別添えにして、
好みの味つけで
いただきます。

十七

日々のお弁当／煮もの・おにぎり

里芋の煮もの
ひじきの煮もの
じゃこ入り卵焼き
たくあん
白ごまおにぎり

前日、買い物に行く時間がなかったので、じゃこ入りの卵焼きを焼いて、あとは冷蔵庫にあるものを詰めました。地味なお弁当、どうだったかな……と心配しましたが「すっごくおいしかった！」と満足顔。年頃なのに吹き出物ひとつないつるつる肌なのは、こういった素朴なおかずが好きだからなのかもしれません。私が年頃の頃は、お弁当の中身が茶色いと少しがっかりしたものでしたが、娘は一向に気にすることのない様子。見た目のかわいらしさよりも前に「ちゃんとおいしいこと」がいいんですって。なるほど。とはいえさすがは食いしん坊だけあって、友だちのお弁当も気になる様子。「今日、生ハムもらった！」と喜んでいたので不思議に思ってよくよく聞いてみると、どうやら生ハムをパックで持って来た子がいたらしい。ペローリ、ペロリと1枚ずつはがし、みんなに配ってくれたとか！　最近の女子高生のお弁当は自由だなぁ。

十八

日々のお弁当／青梗菜と豚肉のあんかけ

青梗菜と豚肉のあんかけ
中華麺

「今日、お弁当広げたらみんなに、おいしそうーって言われた！　おいしかった！」と帰るなりの報告。休日のお昼ごはんに作ることの多い、かた焼きそばの中華あんかけ。今日はいつも買うかた焼きそばがなかったので、中華麺をかりっと焼いてみました。冷たい麺はお弁当にどうかなと思いましたが、大丈夫だったんだね。よかった。しょうゆと酒で下味をつけた豚肉と青梗菜を炒め、干し海老とその戻し汁を注ぎ、煮立ったらうずらの卵を加えて塩と酒、しょうゆを少しで味つけ。片栗粉でとろみをつけて仕上げにごま油をひとたらし。中華麺はフライパンで両面かりっと焼いていつもの曲げわっぱに。あんかけはスープカップに入れました。これに酢をかけて食べるのが好きな娘。今日は忘れてしまったから、次回は必ず。

漫画家

ほしよりこさん

菊太屋米穀店の だし巻き弁当

関西と東京を行ったり来たりのほしさん。取材や締め切りやら、お仕事をたくさん抱えてお忙しいはずなのに、いつもどこかほんわかとした雰囲気をまとっていらっしゃいます。この感じ、どこかで……と思ったら、それはほしさんの描く「猫村さん」そのものなのでした。

　おすすめのお弁当も「ほしさんらしい！」と思わず膝を叩いたものばかり。おにぎりもお稲荷さんもなんだかほんわかしています。

「朝の連ドラ『ごちそうさん』を見てからおにぎりに目覚め、おにぎり大好きなのです。おにぎりって、どこにでも売っているわりにはおいしさに差があって……。今一番おいしいと思うのは、菊太屋米穀店というお米屋さんのだし巻き弁当です」

　ごま塩おにぎりが2つ、梅干しと枝豆、それからポテッとした見た目に愛らしいだし巻きがセットになった、その名も「だし巻き弁当」。

「東京に向かう時、新幹線に乗る前に買うこともあれば、帰りに買って、家で夜ごはんにすることも」

　家に持ち帰っても、お米はかたくならず、ほろっとしておいしいんですって！　今まで京都や大阪など関西地方でしか買えませんでしたが、この春から東京にもオープン。私も新幹線のお供にしよう。

二十

あの人のお気に入り

ほしよりこさん

豆狸のいなり弁当

往きはおにぎり。では帰りは？とたずねたところ、教えてくれたのが豆狸のおいなりさん。品川駅のエキュートに入っているので、新幹線に乗る前に立ち寄って、移動中に食べることが多いのだとか。

「以前はおにぎりを買っていたのですが、なかなかお気に入りが見つからなくて。そんな時見つけたのが、豆狸のおいなりさんなのでした」

なかでも好きなのは、高知産の黄金しょうがが入った、さっぱりした味わいの黄金しょうがいなりと、わさびの風味が効いたわさびいなり。なるほど、甘辛く炊かれたお揚げとすし飯に、わさびやしょうががアクセントになって……。小さい見かけながらも大満足の味わいです。

今回ほしさんにうかがってこのお店の存在を知った私。でも実は私のまわりに豆狸のおいなりさんファンが多いことに気がつきました。「デパートなんかで見かけるとついつい買っちゃうのよね」ですって。

確かにその気持ち、よく分かる。だって素朴であったかくて、いくつ食べても食べ飽きない味ですもの。

ご紹介したのはいなり弁当ですが、おいなりさんはひとつからでも買うことが可能。小腹が空いたら豆狸へゴー。

39

ほしよりこ
1974年生まれ。関西在住。2003年7月より「きょうの猫村さん」をネット上で毎日1コマ更新。
著書に『きょうの猫村さん』シリーズ、『B&D』など。

二十一

日々のお弁当／炊き込みごはん

炊き込みごはん
里芋の煮もの
ほうれん草と金時人参のおひたし
かぶの即席漬け

ごぼうとこんにゃくとしいたけと鶏肉が少しずつ冷蔵庫に余っていたので、炊き込みごはんを作ることに。朝から炊き込みごはんなんて、ちょっと面倒と思うかもしれないけれど、味つきのごはんはそれだけで満足だから、おかずはそんなに凝る必要なし。案外楽なのです。今日は前日に作った里芋の煮ものとほうれん草と金時人参のおひたしを添えました。おひたしにする野菜は一種類でもいいけれど、食感や色あいの違う野菜を組み合わせるのも好き。娘の好物、なくてはならない我が家の常備菜です。かぶの漬けものは前日、適当な大きさに切って塩をし、重しをしておいたもの。お弁当に詰める時は、よくよく汁けをきってから入れないとごはんがべちょべちょになってしまうから注意が必要。これは漬けものに限らず、おひたしも煮ものも。

二十二

日々のお弁当／じゃこ炒飯

じゃこ炒飯
ひじきの煮もの
さつまいものレモン煮
なすのぬか漬け

今日は月曜日。なんだかやる気が起きないけれど、お母さんは休めません。さあ、どうしよう？と困ったけれど、こういう日にかぎって冷蔵庫にも冷凍庫にも気の利いた食材が入っていない。おかずに困った時はおにぎりにしてしまうという手もありますが、この前、休日の昼ごはんに作って好評だった、じゃこ炒飯のことを思い出しました。ベーコンの代わりにじゃこをたっぷり入れるだけなのですが、目先が変わっておいしかった様子。みじん切りにしたネギ、卵、じゃこの順にジャッジャと炒め、塩とこしょうで味つけしたらごはんを入れさらに炒め、鍋肌にしょうゆをたらしできあがり。あとは作りおきのおかずを入れておしまい。10分でできるお弁当は、忙しい朝にありがたいものです。

二十三

日々のお弁当／海苔巻き

卵焼き、きゅうり、たくあんの海苔巻き
ほうれん草としめじのおひたし

「今日、お弁当箱開けたら、みんなに『わーっ！』って言われたよ。おいしかった。また作って」と娘。たまたま母が焼いてくれた卵焼きがあったので、気分を変えてみようかと海苔巻きにしたのでした。卵焼き以外の中身は、細長く切ってうすく塩をしたきゅうりと、たくあんにおかかを混ぜたもの。以上3つの具とごはんを海苔で巻いただけですが、目先が変わって楽しかったようです。横に添えたのはほうれん草としめじのおひたし。意識して作ったわけではないけれど、こうしてみるとなかなかヘルシー。今度は韓国風海苔巻き、キンパでも作ってみようかな。

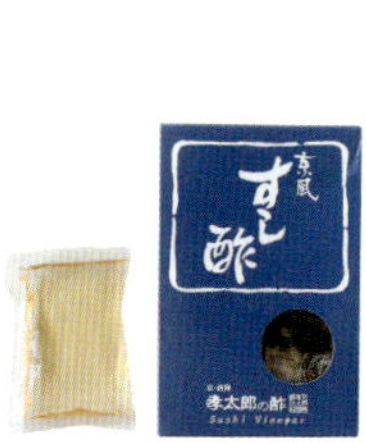

酢飯に使った合わせ酢は、京都〈孝太郎の酢〉の「京風すし酢」。1合分のごはんにぴったりの分量のすし酢が小分けにされていて重宝。

二十四

日々のお弁当／焼き鳥

焼き鳥
かぼちゃの煮もの
ほうれん草としいたけのおひたし
手作り紅しょうが

唐揚げにしたり、カレー風味のソテーにしたりと鶏のもも肉は買い置きしておくと便利な食材です。今日はしょうゆとみりんでひと晩漬け込み、グリルで焼いたものをごはんの上にのっけた焼き鳥弁当。かぼちゃの煮ものとほうれん草としいたけのおひたし、それから手作り紅しょうがでぴりりと全体の味をひきしめます。この紅しょうが、新しょうがの出まわる時期に作りおきします。せん切りにした新しょうがに塩をし、水けを絞ってざるなどで少し干してから梅酢に漬け込む。屋台の焼きそばについてくるあのまっ赤な紅しょうがもパンチが効いていていいけれど、ふだんのおかずにはこちらが合うみたい。簡単なのでぜひ作ってほしい保存食のひとつです。あ、そうそう。焼き鳥をのせる前にちぎった海苔をお忘れなく。これがあるのとないのとではおいしさがずいぶん違いますから。

二十五

日々のお弁当／花巻サンド

花巻サンド、焼豚 ▼レシピ
うずらの卵のしょうゆ漬け
ヤングコーンのサラダ
プチトマト

「台北の台所」と呼ばれる東門市場で買った花巻は家に戻ったらすぐに冷凍庫へ。かさ張るし、デリケートなので持って帰るのはなかなか困難を極めますが、この赤ちゃんのほっぺたみたいな花巻がいつでも家にある幸せには代えられません。今日は五香粉で風味づけして焼いた焼豚でサンドウィッチのお弁当。焼豚に甜麺醤を少しぬると味にメリハリがつくのでおすすめです。この花巻サンドに欠かせないのが香菜ですが「においがちょっと……」と言う娘はきゅうりのみ。こんなに香菜が好きな母親からどうして……。

お弁当箱も台北で。大きさがいろいろあって迷いましたが、「迷ったら両方買う」は旅先での鉄則。かさ張るお弁当にも対応できるので鉄則を守ってよかったと思っています。花巻サンドを作る時は自分用にもひとつ。こちらはもちろん香菜たっぷりで。

レシピ

焼豚

材料　作りやすい分量

豚肩ロース　1本(約500g)
しょうゆ　100㎖
紹興酒　100㎖
五香粉　小さじ1/2
砂糖　小さじ2
ネギの青い部分　適量
しょうが　3かけ

作り方

1　豚肩ロースは、他のすべての材料と一緒にビニール袋などに入れ、ひと晩冷蔵庫で置く。
2　途中、漬け汁を回しかけながら、180℃のオーブンで30分ほど焼く。
3　竹串を刺して、透明な汁が出たら焼きあがり。

＊炒飯に入れたり、
ラーメンに入れたり。
作っておくと
何かと重宝する焼豚。
何本か一緒に焼いて、
薄くスライスして
冷凍しておくことも。

二十六

本の中のお弁当

新装版 夜中の薔薇

向田邦子著　講談社

「どうも私は気どった食べものが苦手である」。そんな邦子が海外旅行から帰ってすぐに作ったのが海苔弁でした。海苔弁に添えられたおかずは、肉のしょうが焼きと塩焼き卵。ただの海苔弁と思うなかれ。邦子のこだわりがぎゅっと詰まった、それはおいしそうなお弁当なのです。

「食らわんか」

日本に帰って、いちばん先に作ったものは、海苔弁である。

まずおいしいごはんを炊《た》く。

十分に蒸らしてから、塗りのお弁当箱にふわりと三分の一ほど平らにつめる。かつお節を醤油でしめらせたものを、うすく敷き、その上に火取《ひど》って八枚切りにした海苔をのせる。これを三回くりかえし、いちばん上に、蓋にくっつかないよう、ごはん粒をひとならべするようにほんの少し、ごはんをのせてから、蓋をして、五分ほど蒸らしていただく。

二十七

本の中のお弁当

幸田文 台所帖

幸田文著　青木玉編　平凡社

女学生の頃から台所仕事を含めた家事全般を、ひとりでこなしていた文。でも、時に眠さに負けて、お弁当を作らずに登校することもあったとか。「お腹の調子が悪い」と嘘をつき、お弁当を食べない文に心配した友人が差し出したのは、バターと砂糖がぬられたパンなのでした。

うそとパン

だれしもお弁当の味を知らないものはない。そしてそれがなかなか複雑な味のものであることも、みんなが知っていると思う。待ちかねてあけるお弁当なら、愉《たの》しくておいしいに決まっているけれど、たべなくても承知している味もある。

（中略）

そのお弁当は、焼いたパンへバタと白い砂糖をぬったものだったが、一眼《ひとめ》でそれが丁寧にこしらえてあることがわかった。端々までバタと砂糖は丹念《たんねん》に行きわたっていた。「ほら、おいしいでしょう？」という、私が彼女から予期したことばは、予期はずれで、伸子さんは一言も言わず、私がたべ終えたとき、「うちのおかあさんがきっと喜ぶわ」と言った。

（中略）

パンはこのところずっと、伸子さんの一人前より余計に用意されていたものらしい。私はこの親子の怜悧《れいり》な、そして温かい気もちに打たれて、弁当なしのうそを粉々に崩さずにはいられなかった。

二十八

日々のお弁当／かき揚げうどん

桜海老と玉ねぎのかき揚げ
うどん
つゆ

冷蔵庫に何もない。どうしよう……と思って冷凍庫を開けた時に目が合ったのが桜海老。そうだ、たしかパントリーに玉ねぎとうどんがあったはず！……でできたのがかき揚げうどん弁当です。温かいつゆをスープカップに入れたら完成。ほっ、よかった。今日もなんとか形になりました。色あいがさみしかったので、仕切りに庭の蕗の葉を。勝手に生えている蕗ですが、こうして仕切りに使ったりごま油で炒めたり。何かと助けられています。ところでうどんのお弁当は娘の友だちがよく持ってくるのだそう。「すごくおいしそうだよ」というのでさっそく取り入れてみました。最初聞いた時は、ハーうどんをお弁当に！と目からウロコでしたが、作ってみると案外、楽。変わり種のお弁当はなんだかウキウキするようです。また作ろう。

二十九

日々のお弁当／高知野菜いろいろ

高知の日曜市で買った食材で作ったおかずがたくさんあるから、今日のお弁当は詰めるだけ……と思っていたら、「フィールドワークで海に行くから、簡単に食べられるものがいい」と娘。というわけで急遽、おにぎりに変更。せっかくなので自分用のお弁当を作りました。はっと気づけば動物性のものが何も入っていないけれど、油をうまく使ったり、食感の違うものを入れれば充分満足。

四方竹とお揚げの炊いたの
素揚げいんげんのおかかじょうゆ ▼レシピ（P65）
れんこんのきんぴら
空芯菜のオイル煮
きゅうりとラディッシュのぬか漬け

三十

中華スープ ▼レシピ
花巻

日々のお弁当／中華スープ

ちょっと胃が疲れたな……なんて時によく作るスープです。スープのだしになっているのは干し貝柱とごま油で炒めた豚肉。そこにヤングコーン、きくらげ、たけのこ、にんじん、春雨、卵などを入れて、塩とこしょうで味つけし片栗粉で少しとろみをつけます。仕上げにほんのり黒酢を入れると、全体の味が引き締まります。具がたくさん入っているのでこれだけでもいいのですが、午後「お腹が空いた！」なんてことにならないように花巻を一緒に。この花巻、蒸すと15㎝くらいの大きさになりますが、軽いので楽々食べられます。上の部分がはがれているのは台北の市場で袋詰めされていたのをそのまま冷凍したため。ひとつひとつオーブンペーパーに包んでから冷凍すればよかった！と思いましたが時すでに遅し。大ざっぱな性格は、こういうところに現れます。

中華スープ

材料　1人分

たけのこ(水煮)　1/4個
ヤングコーン　3本
にんじん　3cm
乾燥きくらげ　3枚
干し貝柱　5個
豚バラ肉　2枚
卵　1個
春雨　適量
塩　適宜
片栗粉　大さじ1
ごま油　適量

作り方

1　乾燥きくらげは水に浸けて戻す。春雨は熱湯で戻す。別のボウルに干し貝柱を入れ、水に浸けておく。

2　ヤングコーンは縦半分に、にんじんとたけのこはせん切りに、豚バラ肉は食べやすい大きさに切る。

3　鍋にごま油を熱し、2を入れかるく炒める。

4　3に干し貝柱の戻し汁と水(分量外)をひたひたよりやや多めに注ぎ、煮立ったらきくらげと春雨を入れ、弱めの中火で15分ほど煮る。

5　卵をほぐし4に入れ、火が通ったら塩で味をととのえ、大さじ2の水(分量外)で溶いた片栗粉を入れる。

6　好みでこしょうと黒酢を少々加える。

＊きくらげやたけのこ、春雨など
　いろんな食感が味わえて楽しい、
　具を食べる、という感じのスープです。

三十一

教わるレシピ

ごはんやパロル

桜井莞《えみ》子《こ》さん

子育て中のお嬢さんの海音子さんは、昼間、料理の仕込みをお手伝いしに来ているそう。

定番の卵焼きときんぴら

「まさこさんが好きな味だと思うわよ」と食いしん坊の知人に誘っていただいて、訪れたのが1年以上前のこと。以来、すっかり魅せられてしまったえみさんの料理。

「ごはんや」という名前の通り、メニューはコロッケ、きんぴら、ポテトサラダなど馴染みのものが並びますが、けっして素人がマネできない繊細な味わいなのです。

えみさんも2人のお子さんのためにお弁当を作っていた時期があったとか。仕事をしながらだったので、時間のやりくりが大変だったそうですが、そこは豪快なえみさん。二日酔いの朝でも豪快に乗りきっていたとか。

パロルの料理でとても印象的だったのが、卵焼きときんぴらです。素材の組み合わせがとても新鮮。見慣れたおかずが、えみさんの手にかかるとこんな風になるんだ！　毎回、驚きの連続なのです。そこで今回は、この2つの料理を教えていただくことに。明日からのお弁当作りにすぐに役立ちそうです。

東京・青山に開業。お店ではきんぴら、卵焼き以外にも、ポテトサラダ、おばんざいなど、ほっとする味のメニューが並ぶ。

「お母さんが作るお弁当は茶色っぽくて、友だちのかわいらしいお弁当がうらやましかった」と海音子さん。でも今思い返すと、とってもおいしくてありがたかったんですって。

上からじゃことしょうが、明太子とあさつき、切り干し大根と長ネギ

卵焼き3種

「卵焼きはお弁当を作る人にとっては宝石のような存在。
だって中に入れるもので
いろんな味になるじゃない？」
じゃこに明太子、切り干し大根！
3つの味を教えていただきました。

レシピ1

じゃことしょうが

材料　作りやすい分量

卵　3個
じゃこ　20g
しょうが　1かけ
A　だし　大さじ2
　　白だし　小さじ1/2
　　塩　少々
サラダ油　適量

作り方

1　しょうがは皮をむき、せん切りにする。
2　ボウルに卵を割りほぐし、Aを加えてよく混ぜる。
3　フライパンにサラダ油を熱し、1を炒めてじゃこを加え、さらに炒める。2を1/3加え、火加減を調節しながらフライパン全体に広げる。奥から手前に折りたたむ。火が通ったら奥に戻す。
4　3に2の卵液の1/3を入れ、奥の卵焼きの下にも流し入れて焼く。残りの卵液を入れ、同じように焼く。

レシピ 3

切り干し大根と長ネギ

材料　作りやすい分量

卵　3 個
切り干し大根　20g
長ネギ　1/3 本
A ┃だし　大さじ 2
　┃白だし　小さじ 1/2
57 　┃塩　少々
サラダ油　適量

作り方

1　切り干し大根はよく洗って、ボウルに入れて水を加え 10 分ほど浸け、かたく絞る。長ネギは小口切りにする。

2　ボウルに卵を割りほぐし、A を加えてよく混ぜる。

3　フライパンにサラダ油を熱し、切り干し大根を炒める。長ネギを加えて炒め、2 を 1/3 入れる。火加減を調節しながらフライパン全体に広げる。中火にして奥から手前に折りたたむ。

4　3 を奥に戻し、卵液の 1/3 を入れ、奥の卵焼きの下にも流し入れてたたみ、残りの卵液を加えて焼く。

レシピ 2

明太子とあさつき

材料　作りやすい分量

卵　3 個
明太子　1 本
あさつき　2、3 本
A ┃だし　大さじ 2
　┃白だし　小さじ 1/2 弱〜
サラダ油　適量

作り方

1　明太子は焼いてから細かくほぐす。

2　あさつきは小口切りにする。

3　ボウルに卵を割りほぐし、A を加えてよく混ぜ、1 と 2 を加えさらによく混ぜる。

4　フライパンを熱してサラダ油を入れ、3 を 1/3 入れ、火加減を調節しながらフライパン全体に広げる。奥から手前に折りたたむ。火が通ったら奥に戻す。

5　4 に 3 の卵液を 1/3 入れ、奥の卵焼きの下にも流し入れ、再び残りの卵液を加えて焼く。

＊明太子の塩分により塩を加える。

上かられんこん、セロリと黒こんにゃく、ごぼうとにんじん

きんぴら3種

「細く切るのがごちそう」というきんぴら。
なるほど。
おいしさの秘密はそれだったのですね。
娘もえみさんのきんぴらの大ファン。
包丁研いで、
朝からトントン野菜を切って……。
えみさん直伝のきんぴら、
きっと喜んでくれるはず。

レシピ 1

ごぼうとにんじん

材料　作りやすい分量

ごぼう　1本
にんじん　1/3本
赤唐辛子　少々
太白ごま油　小さじ2
酒　大さじ1
A ┌ 砂糖　大さじ1
　└ しょうゆ　大さじ1と1/2

作り方

1　ごぼうは4〜5cmくらいの長さに切り、マッチ棒のように細く切り、水にさらしてからざるに上げて水けをきる。
2　にんじんも1と同様に切る。
3　赤唐辛子はできるだけ細く小口切りにする。
4　フライパンに太白ごま油を熱し、赤唐辛子を炒める。
5　4に1を入れて炒める。色が変わってきたら2を加えさらに炒める。酒を加え、Aを入れさっと炒める。
＊炒めすぎないように少しシャキシャキ感を残す。

レシピ2

れんこん

材料　作りやすい分量

れんこん　300g
酢　少々
赤唐辛子　少々
太白ごま油　小さじ2
酒　大さじ1
A｜砂糖　大さじ1
　｜白だし　大さじ1と1/2

作り方

れんこんは薄くスライスして酢水にさらし、ざるに上げて水けをきる。
ごぼうとにんじんのきんぴらの3、4、5と同様にして作る。

レシピ3

セロリと黒こんにゃく

材料　作りやすい分量

セロリ　1/2本
黒こんにゃく　1/2個
赤唐辛子　少々
太白ごま油　小さじ2
酒　大さじ1
白だし　大さじ1
ごま　少々

作り方

1　セロリは4cmくらいの短冊に切る。
2　黒こんにゃくは塩(分量外)でもんでゆでてから、短冊型に切る。
3　赤唐辛子は小口切りにする。
4　フライパンに太白ごま油を熱し、3を炒め、2を加えて炒める。中火の弱でゆっくり炒める。
5　1を加えさらに炒めて酒を加え、白だしで味をととのえ、ごまを加えて全体に混ぜる。

三十二

日々のお弁当／オムライス

チキンライス
オムレツ
ゆでブロッコリー
プチトマト

いつも和風のおかずが多いのでたまには洋風弁当を。バターで玉ねぎと鶏肉を炒め塩とこしょうをし、ごはんを入れてまた炒めてからケチャップで味つけ。チキンライスは薄焼き卵で包むことが多いけれど、今日は卵のボリューム感を出したいからオムレツ風に焼きました。ゆでブロッコリーはオリーブオイルをひとたらし。かるく塩を振ってお弁当箱の中に。お弁当箱が深めなのでまだまだ入る……どうしよう？　と思って冷蔵庫を見てみるとプチトマトが6個。「見栄えだけ考えて入れるならプチトマトはなくてもいいよ」とまるで女子高生らしからぬことを言う地味好みの娘ですが、今日のお弁当には合うでしょ？

三十三

日々のお弁当／ミネストローネ

にんにく、玉ねぎ、にんじん、じゃがいも、ドライトマトの順にオリーブオイルでじっくり炒め、水を注いだら、少しかためにゆでたひよこ豆を入れてゆっくりコトコト2時間ほど火にかけます。今日はブーケガルニを入れましたが、好きなドライハーブならなんでも。野菜の味を楽しみたいので、塩はひかえめに……とここまでが前日の作業。翌日、温め直したスープをスープカップに入れて焼いたパンを添えれば、お弁当作り完了。にんじんはいつものと金時の2種類。赤いものってかわいいなぁ、ほうれん草入れなくて今日は正解だったかもしれない。

ミネストローネ
田舎パン

三十四

日々のお弁当／天むす

天むす
きゅうりのぬか漬け

昨日、仕事で名古屋に行ったものの、名物の天むすを食べる時間がなく心残りだったため、自分で天むす弁当を作ることに。初めてだったのでどうなることやらと思いましたが、案外うまくまとまりました。娘も大喜びしたし、学校のお友だちにも好評だったようですが、よくよく考えると海老の天ぷらと海苔とごはん、それからきゅうりのお漬けもののみ。いつものようにごはんはごはん、おかずはおかずと盛りつけたら案外素っ気ないお弁当になっていたかも。これもおにぎりのマジックと言えましょう。

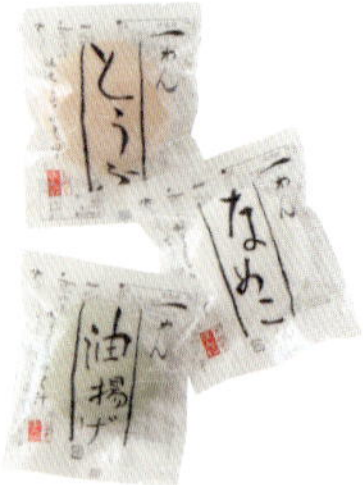

豆腐、なめこ、油揚げ。3種のお味噌汁の具がお麩に入った京都、〈本田味噌本店〉の「一わんみそ汁」を添えました。お湯を注いでどうぞ。

三十五

日々のお弁当／柚子こしょう風味の鶏の唐揚げ

柚子こしょう風味の鶏の唐揚げ
かぼちゃの煮もの
いんげんのごま和え
玄米ごはん
梅干し

しょうゆと酒、おろししょうがで下味をつけて片栗粉をまぶして揚げる唐揚げは、お弁当のおかずの定番中の定番。子どもの頃、遠足や運動会などのお弁当に入っているとうれしくなったものでした。けれどもしょっちゅう作っていると食べる側も、そして作る私も新しい味を欲するようになる。鶏を使った揚げもので何か……と考えている時に目にとまったのが柚子こしょうでした。柚子こしょうと酒で下味をつけて片栗粉をまぶして揚げてみたところ……おいしい！　どうしてもっと早く気がつかなかったんだろう？というくらい気に入りのおかずになりました。さて、今日この唐揚げに合わせたのは、玄米ごはんといんげんのごま和えとかぼちゃの煮もの。味わい的にも渋いことこの上ない組み合わせですが、柚子こしょう味の唐揚げが、全体をきりりとまとめ上げてくれました。

三十六

日々のお弁当／素揚げいんげんのおかかじょうゆ

素揚げいんげんのおかかじょうゆ ▼レシピ
れんこんの豚肉詰め
かぼちゃの煮もの
ゆかりごはん

いんげんはゆでてごま和えにすることもありますが素揚げして、おかかとしょうゆを和えるのも好きです。この時使うのはオリーブオイル。え？と思われるかもしれませんが、オリーブオイルは和の食材とも合うのです。このいんげんのおかか和えですが、できたてより少し時間が経ったほうが味が馴染んでおいしい。せっかく揚げ油を用意するのだから、といつもたっぷり作って冷蔵庫に常備しています。今日はれんこんの豚肉詰めとかぼちゃの煮ものを。肉もかぼちゃもやや甘めの味つけなので、ゆかりをふってみました。さっぱりした味わいになるのに加え、紫色の色あいがいい。ゆかりには何かと助けてもらっています。

レシピ

素揚げいんげんのおかかじょうゆ

材料　作りやすい分量
いんげん　20本
オリーブオイル　適量
かつお節　かるくひとつかみ
しょうゆ　好みで

作り方
1　いんげんは端のかたい部分を取りのぞき、洗って水けをよく拭き取る。
2　フライパンにオリーブオイルを熱し、180℃でいんげんをくたくたになるまで揚げる。
3　よく油をきったいんげんに、かつお節としょうゆを和える。

＊くたくたになるまで
揚げたほうが
しょうゆやかつお節との
馴染みがよいです。
モロッコいんげんで
作ってもおいしく、
見た目にも新鮮。

編集者

岡戸絹枝さん

弁松の赤飯弁当

かつて『Olive』や『ku:nel』の、そして今は『つるとはな』という雑誌の編集長をしておられる岡戸さん。「弁松の赤飯弁当はクウネル時代に編集部のスタッフから教わりました。よいお昼ごはんを用意する、というのも、よい撮影ができるひとつの条件のような気がします。撮影チームのモチベーションがあがりますからね」

　なるほど！　たしかに岡戸さん、撮影をご一緒するといつも「お昼どうする？　何が食べたい？」と、みんなのお腹の空き具合を心配してくださいます。

「見た目もきちんとしていて、きれいでおいしそうでしょ？　焼き魚や煮ものなどが過不足なく盛り込まれていて。甘い豆がちょこんと入っているお弁当もあります」

　ほんとうだ。過不足ないバランスのよいお弁当って、考えてみるとなかなかないものです。実は私のまわりの年上の方々からも、熱い支持を受けている弁松のお弁当。酸いも甘いも噛み分けた人生の大先輩たちがお好きという「おいしくてきちんとしている」味。私も好きになりそうです。

弁松総本店
東京都中央区日本橋室町1丁目10番7号
電話 03 (3279) 2361 (代)
www.benmatsu.com

三十八

あの人のお気に入り

岡戸絹枝さん

ビアンのお惣菜

お仕事のかたわら、長年テニスクラブに通っているという岡戸さん。「ビアンのお弁当は、テニスを終えてから食べることが多いですね。ほら、運動前に食べるとお腹が苦しくなるでしょう？　おかずは4種類か6種類、ごはんは白米か玄米が選べるのですが、私が頼むおかずはいつも4種類のほう。大きなテーブルにずらりと並んだお惣菜の中からあれとこれと、なんていって選ぶんだけど、お昼の時間に行くとたいてい温かくて。どうやら奥の厨房で作っているらしいの。こんなにたくさんの種類のお惣菜を作るお店の人に興味が湧くのよねぇ……」

なんだか聞いているだけでおいしそう。それにしても「作っている人に興味が湧く」とはなんとも編集者らしいご意見です。

最初はあれこれ試していたというおかずですが、今はアジの南蛮漬けと、鶏の唐揚げかミニハンバーグ、トマトとオクラのマリネ、しらたきの炒めものに落ちついたとか。

「肉、魚、野菜と好きなものをバランスよく選んでいるつもり」

毎日50種類以上もあるというビアンのおかず。ほんとだ、どんな方が作っているのか興味津々です。

69

岡戸絹枝
1955年、埼玉県生まれ。1981年マガジンハウス入社。
『Olive』『ku:nel』の編集長をつとめた後 2010 年退社。2014 年『つるとはな』を創刊。

三十九

日々のお弁当／玄米おにぎり

玄米おにぎり
スナップエンドウの和えもの
れんこんの柚子こしょうオリーブオイル和え
卵焼き

玄米はカムカム鍋と圧力鍋を使って炊いています。こうするともちっとした食感が出ておいしいのです。我が家のお米は新潟の農家から年に4度、頃合いを見計らって玄米のまま送ってもらい、家の精米機で精米しています。娘は白米ももちろん好きですが、玄米も、それから5分づきや7分づきも好き。気分やおかずに合わせて精米して、味や食感の違いを楽しんでいます。玄米をもちっと炊き上げるには1時間ほど要するので時間がある時に炊いておき、冷蔵庫もしくは冷凍庫で保存します。明日のお弁当何がいい？　と聞いたら「玄米おにぎり！」というので朝、解凍し半分はこんぶの炊いたの、半分は塩でにぎりました。あとはおかずを適当にちょこちょこ詰めたら完成。おにぎり弁当、楽ちんです。

四十

日々のお弁当／カツ丼

カツ丼
古漬け

カツをお弁当にする時は、パン粉をつけて後は揚げるだけの状態まで下ごしらえしておきます。P29でも書きましたが、娘も私もどちらかと言えばカツは卵でとじるよりも、そのままカリッといきたいタイプ。……なのですが、今日は前夜食べたカツが余っていたのでカツ丼に。ごはんの上に卵とじのカツをどさりとのせたらもうおかずの入る余地はなし。でもこれだけではあまりかなぁと思い、すみっこをちょっと空けて古漬けを添えました。ぬか床は面倒だなぁと思うこともたまにありますが、漬けものがいつでも食べられるのはやっぱりうれしい。特に漬かりすぎた漬けものを細かく刻んだこの古漬けは好物。わざわざ漬かりすぎるのを待つほどのね。

四十一

日々のお弁当／コチュジャン風味の牛肉ソテー

コチュジャン風味の牛肉ソテー
韓国風和えもの
豆もやしごはん

ナムルを作ろうと思って買っておいた豆もやし。思い立ってごはんに炊き込んでみました。こうするともやしの風味がごはんに移って、なんとも食欲をそそる味になるのです。このごはんの時によく一緒に作るのが牛肉のコチュジャン風味炒め。酒としょうゆで下味をつけた牛肉をさっと炒め、コチュジャンを加えて炒めながら、同時にもうひとつの和えものも作ります。冷蔵庫にあった野菜を薄く切って太白ごま油でさっと炒めたらボウルに移し、酢としょうゆ、砂糖と白ごまを和えたらできあがり。ハー。ごはん、牛肉、和えものと3つ同時進行。朝の台所はてんやわんやです。

四十二

四色弁当・2

鮭
ゆかり
古漬け
じゃこ

二度寝をしてしまい家を出るまであと30分。ああどうしようと慌てましたが、でも大丈夫。焼いてほぐしておいた鮭と古漬け、じゃこ山椒、ゆかりをのせて今日のお弁当作りは完了。あまりにあっけなく作り終わったので、お茶はていねいに淹れました。今日は熊本土産のほうじ茶を熱々で。毎日、お弁当と一緒にお茶を持っていきますが、お弁当とお茶との組み合わせもなかなか重要。基本は麦茶かほうじ茶ですが、中華風の時はジャスミンティーや台湾の中国茶を、スパイスの効いたお弁当の時はルイボスティーや紅茶を、というように変化をつけるようにしています。夏の間はアイスティーにすることも。その場合は前夜から茶葉をパックに入れて水出しに。氷を入れて冷ますよりだんぜんおいしいです。

四十三

日々のお弁当／中華ちまき

中華ちまき▼レシピ
中華味のゆで卵
きくらげの和えもの

水曜日は午前授業なので、お弁当はなし。なので火曜日の夜はちょっと気が楽……と思っていたら「文化祭の準備があるから、お弁当お願い！」とのこと。ちょうど晩ごはんに焼豚を作ったので、急遽中華ちまきを作ることに。干し海老、干したけのこ、干ししいたけ。台湾の市場で買った乾物が大活躍です。竹の皮で包むところまでの下ごしらえを前日にしておき、翌朝、蒸籠《せいろう》で蒸します。ゆで卵は焼豚のたれに漬けてひと晩。その横に添えたきくらげは、ゆでるとまるでポルチーニのような芳しい香りを放つ野生のもの。いつも台北の市場で枕くらいの分量を買って帰るほどの気に入りです。ちまきは包んだものを持っていくこともありますが、今日は他におかずがあったのでお弁当箱に詰めました。余分な竹の皮を切って詰めたら、食べやすかったようです。

中華ちまき

材料　作りやすい分量

もち米　3カップ
焼豚　300g（P45）
干し海老　大さじ3
干ししいたけ　5枚
干したけのこ　30g
（なければなしでも、代わりに水煮のたけのこ150gを使っても）
しょうゆ　60mℓ
酒　50mℓ
ネギの青い部分　1本分
しょうが　3かけ
オイスターソース　大さじ2
太白ごま油　大さじ1
砂糖　大さじ1
塩　ひとつまみ
こしょう　少々

作り方

1　もち米は洗って、2時間〜ひと晩（できれば）、水に漬ける。
2　干し海老、干ししいたけ、干したけのこはそれぞれボウルに入れて水で戻す。しいたけと干し海老の戻し汁は取っておく。
3　2はみじん切り、焼豚は1cm角に切る。
4　中華鍋に太白ごま油を熱し、ネギとしょうがを入れ、香りを出す。
5　ネギとしょうがを取り除いた中華鍋に水をきったもち米と2と3を入れてよく炒める。
6　すべての調味料と、しいたけと干し海老の戻し汁を足して600mℓの水を5に入れ、汁けを吸い込ませながら5分ほど炒め、バットに移して粗熱をとる。
7　竹の皮で6を包み、蒸籠で20分ほど蒸す。

＊ちょっと面倒ですが、作りはじめると楽しい中華ちまき。
3合は多め？と思うかもしれませんが
冷凍もできるので作っておくと何かと安心。

四十四　本の中のお弁当

ことばの食卓

武田百合子著　野中ユリ画　ちくま文庫

偏食で食が細かったという子ども時代の百合子が「ああ嬉しい」とはしゃいだのは、梅干しで染まった薄牡丹色と、たくあんで染まった黄色いごはん。アルミニュームのお弁当箱のなかに、それはきっと美しく映えたに違いありません。

お弁当

小学二年級から、お弁当があったと思う。私のお弁当箱は、蓋に斜めに箸を納める凹みのついている、アルミニュームの四角いのだった。梅干の酸でも傷《いた》まない、アルマイトという新金属で出来たお弁当箱が売り出されたのは、上級生になった頃だと思う。首から定期券を下げて、一人だけ電車通学をしている生徒が、赤い小判形のアルマイト弁当箱をはじめて持ってきたとき、みんなは代る代る見せて貰った。鸚鵡の絵が蓋に描いてあった。

（中略）

おべんと御飯（煎り卵ともみ海苔の混ぜ御飯）か、猫御飯（おかかと海苔を御飯の間に敷いたもの）であれば、私は嬉しい。そこに鱈子、またはコロッケがついていたりすれば、ああ嬉しい、と私は思う。

四十五

本の中のお弁当

季節のうた

佐藤雅子著　文化出版局

牛肉のつくだ煮や鉄火味噌などの常備菜に、ありあわせの材料で調達したおかず。水筒には香ばしいほうじ茶、それから季節の果物と甘い和菓子を少々添えて。夫のために手まめにこしらえた山のお弁当のなんとおいしそうなこと。ふだんより味つけは濃いめに。前夜作ったものは朝必ず火を入れて……。山行きのお弁当は「手早く」「要領よく」。洒落たなかにも主婦の知恵が詰まったお弁当です。

山行きのお弁当

春風とともに、植物好きの主人の野草探訪がはじまります。「いよいよスミレの季節だ。この時期をはずすと、来年の春まで待たなければならない」などと言って、そわそわしはじめますと、お弁当用の保存食品などの用意にとりかかります。

（中略）

主人は、ふだんも〝腰弁〟でお役所通いをしておりますが、これはいつもサンドウィッチでございます。山行きの場合には、パンではおなかがもちませんので米飯にしておりますが、それとても決して手のかかったものではなく、主食は、ご飯に自家製の梅干しを入れただけ、ときには、庭の笹の葉を取ってきてそれで巻いたり、しその葉の塩づけでくるんだおにぎりにしたりすることもございます。

四十六

日々のお弁当／ミネストローネ・2

ミネストローネ

パスタ

1、2か月に一度行うパントリーの整理。乾物や乾燥豆、パスタ、麺などは自分で買うのはもちろん、お土産にいただくことも多くて、いつのまにか棚がいっぱいになってしまうので、時々見直すことにしているのです。パントリーの整理の時は同時に冷蔵庫の整理もします。食材はなるべく使いきるようにつとめているものの、こうして見てみるとこまごまと残っているものがけっこうあるのです。整理を兼ねて作る料理は、必然的にいろいろな素材を入れて煮るものになります。和の代表は、はんぱにあまった野菜をたくさん入れた、ひじきの煮もの。洋の代表がこのミネストローネ。P61でもお弁当にしましたが、今日もまた。パスタはスープに入れようとも思ったのですが、ふやふやになるかなと心配してゆでたてにオリーブオイルをかけたものを。今日はコンキリエにしましたがショートパスタならなんでも。フジッリとかファルファッレとか。

四十七

日々のお弁当／ムサカ・タブレ

ムサカ
なすの素揚げ
ゆで卵
ひよこ豆のサラダ
しいたけのタブレ

ひき肉にスパイスやフェタチーズ、ゆで卵などを入れて蒸し焼きにしたムサカはいつも大きな鍋で作るのですが、少しより分けておき、翌日のお弁当にします。耐熱の琺瑯の容器はこんな時に重宝。今日はムサカの上に素揚げしたなすとゆで卵をのせ、しいたけのタブレとひよこ豆のサラダを添えました。すべてにスパイスがたっぷり効いていますが、娘はこんなメニューも大好き。しみじみ味わい深い和のお弁当が基本だけれど、時々はインパクトがあるといいみたい。要はバランス、なのかもしれません。お弁当を持っていく……ということは、基本的に朝も昼も夜も私のごはんを食べるということになります。だからなかなか大変なのですが、そのおかげで料理の腕が鍛えられたような……今ではそんな気もしています。

四十八

日々のお弁当／おにぎり5種

焼きおにぎり
梅干し
玄米と野沢菜
じゃこ
玄米と白ごま
かぶの漬けもの

ああ、忙しい。忙しいけれどお腹は空く。でもお腹を満たすためだけに適当なものを食べるのはイヤ……なんて思う人はきっと私だけではないはずです。そんな時は、おにぎりを握ってお弁当箱に詰めておけば安心。家でも出先でも、お腹が空いたらお弁当箱のふたを開け、パクリと頬張ればいいのだから。本当に時間がなくて切羽詰まっている時は、ごろりごろりと塩にぎりのみが入っている日もありますが、ふだんはこんな風にいろんな味をいくつか。今日は、しょうゆをつけて焼いたり、じゃこを混ぜたり、白ごまをつけたり……白米と玄米、両方あると味の幅も広がります。ポットにお茶を入れたら準備は完了。このお弁当があるのとないのとでは、仕事に対するやる気が違うのです。こちら、自分用弁当です。

麦茶、ジャスミンティー、ウーロン茶、紅茶……。お弁当に合わせて持っていくお茶もいろいろ。今日はほうじ茶を。

四十九

日々のお弁当／お揚げの炊いたの

お揚げの炊いたの
にんじんの甘酢漬け
さつまいものレモン煮
ほうれん草とプチトマトのナムル
ゆでスナップえんどう

先日、思い立ってたくさん煮たお揚げ。小分けにして冷凍しておいたものをごはんの上にのせてみましたが、ちょっと地味？　今日は時間があったので、にんじんを型で抜き、甘酢漬けにしたものをその上に。ちょっと色が入っただけでずいぶんかわいらしくなりました。よかった。型は京都の有次《ありつぐ》で。うさぎやチョウチョ、ひょうたん以外にもいろいろあってどれも魅力的。京都に行くたびに少しずつ買いそろえています。型以外にも卵焼き器、ステンレスの片口ボウル、鍋など有次の道具はお弁当作りに毎日といっていいくらいお世話になっています。道具がいいとお弁当作りも楽しくなるものだな、と使うたびにしみじみ。

文筆家・僧侶

扉野良人さん

ワルダーのカスクート

　四条通から富小路通を少し下がった西側に佇む徳正寺。このお寺の僧侶の扉野良人さんとはずいぶん前からの友だちで、京都を訪れると、お寺に寄らせてもらったり、六波羅蜜寺近くのご自宅によばれてごはんをごちそうになったり。家族ぐるみのおつきあいが続いています。

　京都のほぼ真ん中で生まれ育って四十数年。旅するだけでは知り得ない扉野さんならではの気に入りのお弁当、きっとあるはずです。

「家の近くだったらハッピー六原のお弁当。サンドウィッチだったらワルダーのカスクートかなぁ。バゲットの皮がぱりっとしていて中の具材もいろいろ。六曜社の修さんが教えてくれはったん」

　ペッパービーフ、バジルチキン、ノルマンディー産カマンベール……。つい先日はカスクートをたくさん買って、ふたりの子どもと美術館へ。ちょっと遠出する時、電車に乗りこむ前に調達することもあるのだそう。

「お弁当ってそれをどこで食べるかで、おいしさはもちろんのこと心持ちも違ってくる。そこがすごく重要なポイントだと思う」と扉野さん。帰りの新幹線の中でぱくりといきましたが、それもなかなかでしたよ。

五十一

あの人のお気に入り

扉野良人さん

ハッピー六原
六波羅有賀の弁当

僧侶をしながら「りいぶる・とふん」という屋号で写真集や作品集の企画と編集、出版をしている扉野さん。本の編集などのデスクワークは六波羅蜜寺近くのご自宅ですることが多いとか。

「近くにハッピー六原というスーパーがあって、そこのお弁当がすごくいいんです。うちの周りはお年寄りが多いので、おじいちゃんおばあちゃんの口に合わせて煮もの、和えものが充実。なおかつ経済的。そして一番大事な『おいしく』を忘れていないところがいい。この前は、秋刀魚のみりん干しをメインに、ネギごぼう、小松菜の辛子和え、かぼちゃ煮、だし巻き卵、かぶらの寄せ煮を副菜にしたお弁当が500円！」

ハッピー六原のある東山区は日本で最も出生率が低い区なのだとか。「京都の巣鴨みたいなかんじです。ハッピー六原はみんなから『ハッピー』と呼ばれて慕われている、とても庶民的なスーパー。おばあちゃんが『ちょっとハッピー行ってくるわ』って言っていたりして、かわいいんですよ」

写真の焼き魚メインのお弁当は515円！　どのおかずもほっとするやさしい味わい。ほんとだ、「おいしく」がきちんと詰まってる。こんなお弁当が歩いてすぐに買えるなんてうらやましいなぁ。

87

扉野良人
1971年、京都生まれ。文筆家、僧侶。Budda Cafe 主宰。
モダニズム探求誌『Donogo-o-Tonka ドノゴトンカ』編集同人。

五十二

日々のお弁当／ローズマリー風味の豚肉ソテー

ローズマリー風味の豚肉ソテー
プチトマトとドライトマトのマリネ
ゆで卵、クミン風味の芽キャベツソテー
豆ごはん

豚肉はしょうが焼きにすることが多いけれど、たまには洋風もいいかなとローズマリーを一緒に焼いてみました。味つけは塩とこしょうのみ。芽キャベツはゆでてから豚肉と同じフライパンでさっと焼き、塩を。クミンを入れたのは思いつきでしたが、ひとつ味見をしてみたら、これがなかなかおいしかった。豆ごはんは和のイメージですが、今日は炊く時に白ワインをほんの少し入れてみました。酒を白ワインに変えただけなのになんだか洋風仕立て。こういう時、料理っておもしろいな、と思うのです。すき間にはゆで卵を。あれ？　まだ入りそう……と思ってこれまた思いつきでドライトマトを刻んでプチトマトとオリーブオイルを混ぜ込みました。今日は創意工夫が感じられるお弁当になったな……と思ったけれど、残念なのは曲げわっぱに入れてしまったこと。ステンレスのお弁当箱にすればもっと洋風になったのにな。

五十三

日々のお弁当／ちくわの磯辺揚げ

ちくわの磯辺揚げ
にんじんとブロッコリーのナムル
昆布
梅干し

ちくわの磯辺揚げは娘の好物。おかずに困った時によく作ります。ちくわはひじきやにんじんとさっと煮たり、大根と一緒に煮ておでん風にしたり。野菜だけだと何かひと味足りないなという時に入れると、食べごたえが出るのです。今日はちくわを揚げたら、あとは作りおきのものをちょこちょこと詰めただけ。ごはんの上にこんぶと梅干しをのせたらできあがり。

こんぶは京都〈雲月〉のもの。ごはんにのせたり、混ぜ込んでおにぎりにしたりとお弁当にも活躍。

五十四
日々のお弁当／三色弁当

ナンプラー風味の炒りこんにゃく
スナップエンドウのナムル
桜海老入りふわふわ卵焼き

ごはんの上におかずをのせると見た目にもちょっと新鮮なので、たまにこのスタイルに。桜海老入りの卵焼きは多めの油でふわふわにしてみました。卵ひとつあればいろんなおかずが作れるものです。こんにゃくは高知の市場で買ったもの。おばあちゃんの手作りです。これを細く切ってさっと湯通しし、水けを飛ばすように炒ってからごま油と唐辛子で炒め、ナンプラーで味つけ。面倒な場合は糸こんにゃくでも。スナップエンドウも高知で。ゆでてごま油と塩と白ごまで和えてナムルにします。盛りつけの時に少し中の豆を見せるとかわいい。朝は何かと忙しいものですが、このひと手間をするかしないかでお弁当の印象はずいぶん変わるものです。

五十五

日々のお弁当／おにぎり2種

焼きおにぎり
野沢菜巻きおにぎり
ちくわの磯辺揚げ
かぼちゃの煮もの

ゆうべ、遅くに帰ったため今朝は余力なし。こんな時、おかずをあまり必要としないおにぎりはとても助かる存在です。おにぎりに巻いた野沢菜の漬けものは長野の漬けもの名人の友人が送ってくれたもの。小さく握り、野沢菜の葉っぱで包んでみました。もうひとつは焼きおにぎりに。お弁当箱におにぎりを4つ並べ、すき間にちくわの磯辺揚げとかぼちゃの煮ものを詰めました。

小さなサイズの「銀杏のまな板」は京都の〈有次〉で。ちょっとした下ごしらえや、今日のように揚げたちくわを1本だけ切る時にも重宝します。

五十六

日々のお弁当／メンチカツ

メンチカツ ▼レシピ
焼きれんこんと京人参バルサミコマリネ
カレー風味のとうもろこし

みじん切りした玉ねぎをバターでじっくり炒め、合いびき肉とパン粉、塩、こしょう、卵を合わせよく練ります。このタネを成型し、パン粉をつけて揚げるだけ……。作り方は簡単といえば簡単なのですが、玉ねぎを焦げないように炒めたり、炒めた玉ねぎを冷ましたりと、見た目の地味さとは裏腹に案外手間がかかるメンチカツ。だからいつもパン粉をつけた状態のものをひとつずつラップに包んで冷凍しておきます。合いびき肉は明治屋の一度挽きのものを。他の店のものを使ってもいいかな、とも思うのですが、なぜか「メンチカツといえば、明治屋さんの合いびき」という母の刷り込みが頭から離れなくて。今日はカレー風味のとうもろこしと焼き野菜のマリネを横に。焼き野菜の香ばしさや食感が加わって、楽しいお弁当になりました。

メンチカツ

材料　作りやすい分量
合いびき肉　500g
玉ねぎ　大１個
バター　適量
卵　１個
塩　適量
こしょう　適量
小麦粉　適量
溶き卵　１個分
パン粉　適量

作り方
1　フライパンにバターを溶かし、みじん切りした玉ねぎを弱火で炒める。
2　ボウルに合いびき肉、卵、パン粉ひとつかみ（分量外）、粗熱をとった1、塩、こしょうを入れ、手でよく混ぜる。
3　2を食べやすい大きさに成型する。お弁当用に小さめにしてもいいし、大きめに成型したものを写真のように切っても。火が通りやすいように、やや平べったい俵型にする。
4　小麦粉、溶き卵、パン粉の順に衣をつけ、180℃の油（分量外）で揚げる。

＊一度に500g !?　と驚かれるかもしれませんが、
まずは晩ごはん用にし、それ以外をお弁当用に。
冷凍する場合は３まで作ったら、
ひとつひとつラップに包んで。

五十七

本の中のお弁当

コットンが好き

高峰秀子著　文春文庫

本の中で、小学校の頃の懐かしいお弁当の思い出を振り返る秀子。女優になってからも、お弁当好きは変わらずで、撮影所には手作りのお弁当を持って通ったといいます。またそんな秀子が結婚した相手も、大のお弁当好きでした。好みにうるさい夫のためにひとつひとつ丹誠込めてこしらえたおかずを「各々味が交ざらぬように」とアルミのカップにちょこちょこ詰めるこだわりよう。気っ風のよい文章の中にも、細やかな心配りが読み取れる、そんな一冊。

おべんとう箱

よく汽車弁の好きな人がいる。駅へ着くたびに、いい年をしたオヤジが窓から身を乗り出して汽車弁を買いこんでいるのを見ると、「ああ、あの人もおべんとうに郷愁を感じているのだな」とほほえましくなる。

実はそういう私もその仲間の一人である。

（中略）

病気で入院しても、私は仕出し屋のおかみさんよろしく、三度三度おべんとうを作っては病院へかよった。（中略）好きなおかずは塩ざけ、キンピラゴボウ、だし巻き卵、牛肉のショウガ煮で、これさえあれば文句は言わない。

五十八

本の中のお弁当

御馳走帖

内田百閒著　中公文庫

日本郵船会社の属託に就いた百閒が一番閉口したのは、お昼ごはんのことでした。気に入りの蕎麦屋も見つからず、かといって昼間から西洋料理や鰻というのも体のためにいけない。「結局なんにも食べないのが一番」と一旦は落ちつくものの、お腹が空いて足下がふらふら。あれこれ思い悩んだ挙げ句にたどり着いたのは……？

腰弁の弁

大分長い間痩せ我慢を続けてゐたけれど、到底長持ちのする事でないと見極めがついたので、アルミニユームの弁当函に麦飯を詰めて携行することにした。机の抽斗に入れておいて、そろそろ廊下の浮き上がつて来る二時半か三時頃に食べる。おかずがうまいと御飯が足りなくなるから、塩鮭の切れつ端か紫蘇巻に福神漬がほんの少し許り入れてある許りである。持つて来る時には中が詰まってゐるから音がしないが、夕方帰る時は、エレヴーターに乗つた拍子に、袱紗包の中がからんからんと鳴る事もある。

五十九

日々のお弁当／豚ひき肉のスパイス炒め

豚ひき肉のスパイス炒め
とうもろこしのソテー
ドライトマトのマリネ
うずらの目玉焼き

豚ひき肉と一緒にみじん切りにした玉ねぎやピーマンを炒め、クミン、コリアンダー、チリパウダー、塩で味つけしたものをごはんの上にのせました。ドライカレーみたいなものです。うずらの目玉焼きをのせておしまいにしようと思ったけれど、もうひと味何か……と思い、肉を炒めたフライパンでとうもろこしを炒め、軽く塩をしたものも上にのせました。ドライトマトはお湯で戻し、オリーブオイルと白ワインビネガーでマリネに。メインがスパイシーなので塩をしなくても大丈夫。うずらの卵は見た目にかわいいし、お弁当箱のすき間にも入れやすいのであるととても重宝します。ゆでたものがパックや缶詰になって売られていますが、生のうずらの卵を買っておけば、こんな風に目玉焼きにすることもできます。今日は白ごはんでしたが、サフランを入れて炊いてもよかったなぁ。

六十

日々のお弁当／ブロッコリーのペンネ

ブロッコリーのペンネ
鮭のオーブン焼き
焼きズッキーニ
ゆでスナップエンドウ

オリーブオイルににんにくを入れ香りを出したら、小房に分けてゆでたブロッコリーを入れてぐずぐずになるまで火を通します。味つけは塩だけなのですが、これがすごくおいしいパスタソースになるのです。冷凍しても風味が変わらないので、多めに作ってストックしておきます。お弁当にパスタを入れる場合はフジッリ、ペンネ、オレキエッテなどのショートパスタが食べやすいよう。今日は鮭とズッキーニのオーブン焼きと、塩ゆでのスナップエンドウを。お弁当箱を開けた時にふわりと香るように鮭にローズマリーをのせました。

六十一

日々のお弁当／鶏とパプリカの煮込み

時間は多少かかるけれど、体がじんわりと温まるし、それだけでお腹が満たされる。素材を変えれば目先も変わるし、ハーブやスパイスを加えれば味の幅が広がる……ということを考えると、煮込みは奥の深い食べものだなぁと思います。今日は冷蔵庫にあった鶏とパプリカの煮込みを。玉ねぎをオリーブオイルで炒め、鶏、パプリカの順に入れて白ワインと水を少々足してコトコト……。玉ねぎを焦がさないようていねいに炒めること。材料を入れたら弱めの中火でコトコトゆっくり火を通すこと。それさえ気をつければ失敗はまずありません。洋風の煮込みは案外、ごはんとの相性もいいものです。今日はサフランライスにしましたが、トマトペーストを混ぜ込んだごはんもなかなか好評でした。

鶏とパプリカの煮込み ▼レシピ
サフランライス

レシピ

鶏とパプリカの煮込み

材料　作りやすい分量
鶏もも肉　1枚
パプリカ(赤・黄)　各1/2個
にんにく　ひとかけ
トマト　1個
白ワイン　100mℓ
水　100mℓ
ローリエ　1枚
オリーブオイル　適量
塩　適量

作り方
1　鶏もも肉とパプリカは食べやすい大きさに切る。にんにくは叩いてつぶす。トマトはざく切りにする。
2　鍋にオリーブオイルを熱し、にんにくを入れて香りを出し、鶏肉をこんがりと焼く。
3　2にパプリカを入れてかるく炒めてから、トマトと白ワイン、水、ローリエを入れ、弱めの中火で30分ほど煮込む。
4　塩で味をととのえる。

＊パプリカは赤と黄、
ちょうど半分ずつ
あったので
2色使っていますが、
もちろん1色だけでも。

六十二

あの人のお気に入り

ギャラリー fève

引田かおりさん

二葉のばらちらし

ご主人とともに、吉祥寺でギャラリー fève を営む引田かおりさんは「30年来のおつき合い」という三鷹・二葉のばらちらしを紹介してくださいました。

「打ち合わせや、展覧会の時のお昼ごはんに用意することが多いの。このばらちらしをお出しすると、完成された老舗の味わいに、みなさん感動してくださるんですよ。みんなで同じものを食べるとぐっと距離が縮まる。そんなところもいいなって思って」

とかおりさん。

仕事の手を止めず、でも上質でおいしいものが食べたい。そんなかおりさんにとって、とてもありがたい存在なのだとか。

実はこのばらちらし、私も前に fève で展示のお手伝いをした時に、ごちそうしていただいたことがありました。

ヴィンテージのマリメッコのテーブルクロスの上に、まるでお花のように、ばらちらしがのった様子はそれはかわいらしく「さすが、かおりさん！」、そう思ったのでした。

以来「ばらちらし」と聞くと、このお弁当が目に浮かぶようになりました。まるで宝石箱みたい。

引田かおり
2003年、吉祥寺にギャラリー fève をオープン。
陶芸家、布作家などジャンルを問わず、独自の目線でさまざまなものを紹介している。

六十三

教わるレシピ

かえる食堂
松本朱《あ》希《き》子《こ》さん

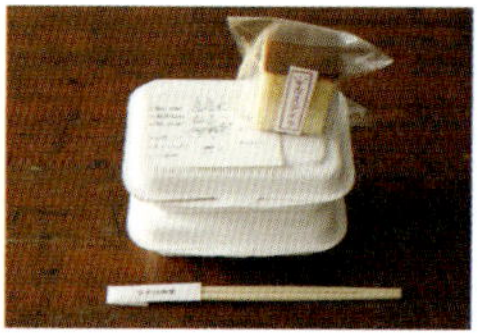

お品書きも、カステイラのシールも、箸袋もすべてかえるちゃんの手描き。かわいい。

かえるちゃんのお弁当

引田さんにもうひとつのおすすめをうかがったところ、「かえるちゃんのお弁当かな……。みんなが買えるわけではないのだけれど、私にとって特別だから」とおっしゃるのです。私も何度か食べる機会に恵まれましたが、あの味が自分でも作れたらうれしいなぁ。

イベントのためのケータリングやお弁当作りをする、かえる食堂のかえるちゃん。きっとプロならではの細やかな気配りがあるはずです。

「お弁当はいつも、両親が育てる野菜を中心にメニューを組み立てます。おにぎり3つとおかずはだいたい5品。お魚かお肉どちらかをメインにして、揚げものや蒸しもの、サラダなどバランスを考えながら作ります」

じゃがいもハンバーグは、冷めてもしっとりとした食感。マッシュポテトにはオリーブを入れて。干し貝柱の風味がほんのり香るがんもどきと、しゃっきしゃっきの春野菜のサラダ。かえるちゃんのお弁当には、新鮮な驚きがたくさん隠れていたのでした。

広島に住むご両親から届く野菜を、ふんだんに使って作られるかえるちゃん(松本朱希子さん)のお弁当。おにぎりもおかずも、ひとつひとつ、ていねいで正直な味。

105

むすび3種

なかなか思いつかない、
かえるちゃんならではの組み合わせで、
見た目も楽しいおむすび。
味つけの違いもあって、
飽きないおいしさです。

上からかぶじゃこむすび、
梅揚げむすび

レシピ1

かぶじゃこむすび

材料　4個分

小かぶ　約1/4個
ちりめんじゃこ　大さじ2
いりごま　小さじ2
塩、油　各適量
ごはん　飯茶碗3杯

作り方

1　かぶは葉と実を刻み、塩をまぶしてかるく水けを絞る。

2　フライパンに油と塩、じゃこを入れて火にかけ、カリッとしてきたら器にとる。

3　ごはんに1と2、いりごまを加え、しゃもじでさっくり混ぜる。手の平を水でぬらし塩をして、おむすびを4つ握る。

レシピ2

梅揚げむすび

材料　4個分

たたき梅(梅干しの種をのぞいて包丁でたたいたもの)
　小さじ2
油揚げ　1/2枚
かつお節　ひとつまみ
塩、しょうゆ、みりん　各適量
ごはん　飯茶碗3杯

作り方

1　油揚げは油抜きをして水けをきり、焼き網で両面を香ばしくあぶる。しょうゆとみりんを1対1で合わせたものをかるく振りかけ、包丁で小さく刻む。

2　ごはんにたたき梅とかつお節、1を加えてしゃもじでさっくり混ぜる。手の平を水でぬらし塩をして(梅の味をみて塩は加減する)おむすびを4つ握る。

菜花と鮭むすび

レシピ3

菜花と鮭むすび

材料　4個分

菜花　3～4本
サーモン　1/2切れ
A　だし　大さじ2
　　薄口しょうゆ　少々
白ワイン（または日本酒）　小さじ1～2
塩　適量
ごはん　飯茶碗3杯

作り方

1　サーモンはバットに入れ、全体に塩をかるくまぶして白ワインをかける。ラップをして冷蔵庫でひと晩置く。

2　菜花はさっと塩ゆでして冷水に落とし、水けを絞る。Aに浸して小さく刻み、かるく絞る。

3　サーモンは焼き網で香ばしく焼き、粗くほぐす。

4　ごはんに2と3を加え、しゃもじでさっくり混ぜる。手の平を水でぬらし、塩をしておむすびを4つ握る。

レシピ4

だし巻き卵

材料　4人分

卵　3個
A　だし（または干し貝柱の戻し汁）　大さじ4
　　みりん　大さじ1/2
　　薄口しょうゆ　小さじ1
油　適量

作り方

1　ボウルに卵を割り入れ、Aを加えて菜箸で混ぜ、卵液を半分に分ける。

2　卵焼き器を火にかけ、油をひいてキッチンペーパーで拭く。1を少量流し込み、底全体にいきわたらせ、手前から奥へ折りたたむ。これを数回繰り返して焼き、取り出す。

3　残りの卵液も同じようにして、卵焼きを2本作り、それぞれを4等分にする。

レシピ5

じゃがいもハンバーグ

材料　6個分

牛ひき肉　200g
じゃがいも（男爵）100g
玉ねぎ　50g
まいたけ　50g（1/2パック）
ミニトマト
　6〜7個（またはトマト1/2個くらい）
A　赤ワイン　大さじ1
　オイスターソース　小さじ2
　みりん　小さじ1
　しょうゆ　小さじ1
溶き卵　大さじ1と1/2
B　水　1/4カップ
　赤ワイン　大さじ2
　みりん　大さじ2
　しょうゆ　小さじ2
水溶き片栗粉（粉と同量の水で溶いたもの）
　小さじ1/2
オリーブオイル、塩、こしょう　各適量

作り方

1　玉ねぎはみじん切り、まいたけとトマトは粗みじん切りにする。

2　フライパンを火にかけ、オリーブオイルをひいて塩ひとつまみを加え、玉ねぎとまいたけを炒める。しんなりしたらトマトを加え、Aを加えて混ぜながら水分をとばし、取り出す。

3　ボウルに牛ひき肉を入れて手でかるくこね、粗熱のとれた2と溶き卵、こしょうを加えて混ぜ合わせる。じゃがいもの皮をむいてすりおろし、かるく水けをとって混ぜ合わせる。6等分して、小判形にする。

4　フライパンを火にかけてオリーブオイルをひき、3を入れて焼く。片面が香ばしく色付いたらひっくり返し、水大さじ2（分量外）を加えてふたをする。水分がとんだら取り出す。

5　4のフライパンにBを加えてやや煮詰める。水溶き片栗粉を少しとろみがつく程度に加え、4のハンバーグを戻してソースを絡めて取り出す。こしょうを振る。

レシピ6

オリーブマッシュポテト

材料　じゃがいも1個分

じゃがいも（男爵）　1個
牛乳　1/2カップ
バター（無塩）　10g
塩　ひとつまみ
グリーンオリーブ　30g（正味）

作り方

1　じゃがいもは4等分に切りかるく塩（分量外）を振る。蒸気の上がった蒸し器で、串がすっと通るまで蒸す。
2　1が熱いうちに皮をむき、ザルなどで裏ごしする。
3　小鍋を火にかけてバターを溶かし、2を加え木べらでざっと混ぜる。練らないように混ぜながら牛乳と塩を加え、ぽってりしてきたら火からおろす。オリーブ（種がある場合は除く）を粗く刻んで混ぜ合わせる。器に移し、乾燥しないようにラップをぴっちりかけておく。

レシピ7

がんもどき

材料　4人分

木綿豆腐　200g
干し貝柱　1個
にんじん　30g
エリンギ　1本
スナップエンドウ　5本
A｜みりん　小さじ1
　｜薄口しょうゆ　小さじ1/2
つくね芋(または大和芋)　20g
B｜溶き卵　小さじ2
　｜塩　しっかりひとつまみ
油、片栗粉、揚げ油、塩　各適量

作り方

[下準備]

・干し貝柱は、水に浸して冷蔵庫でひと晩おき戻す。
・木綿豆腐は重石をしてしっかり水きりする。

1　戻した貝柱は手でほぐす。にんじんはせん切り、エリンギは粗みじん切り、スナップエンドウは筋を取って小口切りにする。

2　フライパンを火にかけ、油をひきにんじんとエリンギを炒める。しんなりしたら、貝柱とスナップエンドウを加えてさっと混ぜ、Aで調味して取り出す。

3　水きりした豆腐をボウルに入れて手でつぶす。すりおろしたつくね芋とBを加えて混ぜ、粗熱のとれた2を混ぜ合わせる。4等分して平らな小判形にする(手を水でぬらすとまとめやすい)。

4　3に片栗粉をまぶし、余分な粉をはたいて、170℃ぐらいに熱した揚げ油できつね色にからっと揚げる。塩少々を振る。

レシピ8

春野菜のサラダ

材料　4人分

絹さや　10～15枚
プチトマト　5～6個
ブロッコリー　小5房くらい
水菜　1/4株くらい
ベーコン　1枚
塩、こしょう、オリーブオイル　各適量

レモンドレッシング　作りやすい量

レモン果汁　大さじ1/2
白ワインビネガー　大さじ1
オリーブオイル　大さじ1
塩　小さじ1/4強
こしょう　適量

作り方

1　絹さやは筋を取り、斜め細切りにする。プチトマトはへたを取り、くし形に切る。水菜は根元を落とし3cmほどの長さに切る。ベーコンは細切りにする。レモンドレッシングの材料をすべて合わせよく混ぜる。

2　ブロッコリーはかるく塩を振り、湯気の上がった蒸し器で蒸す(柔らかくなりすぎないように、色が鮮やかになったら取り出す)。食べやすい大きさに切り、氷水をあてたボウルに入れる。

3　フライパンを火にかけてオリーブオイルをひき、ベーコンを炒める。色付いてきたら絹さやを入れて炒め合わせ、2のボウルに入れる。粗熱がとれたらプチトマトと水菜を加えてざっくり混ぜる。

4　ドレッシングをよく混ぜ、加減しながらサラダにかけてざっくり混ぜ、味を見て塩、こしょうで仕上げる。

＊4は、お弁当に詰める直前にする。

六十四

日々のお弁当／豚のしょうが焼き

豚のしょうが焼き
白だし味のゆで卵
きんぴらごぼう
ゆかりごはん

しょうが焼きといえば、せん切りキャベツがつきものですが、しょうが焼きの汁けがキャベツに伝わり、見た目に美しいとはいえないのでいっそのことなしにすることに。汁けはお弁当を作る上でいつもわき起こる問題です。お弁当箱をかばんから取り出したら包みが茶色く……なんていう悲しい経験はだれにでもあるもので、気をつけているつもりでも今でもたまに失敗してしまいます。……とここでハタと思いました。もしかしてキャベツをしいたほうが汁け対策になるのでないかと。そこで娘にたずねると「しみしみになったキャベツはあんまり好きじゃない」とのこと。というわけでまたふり出しに戻り、やはりキャベツはなし。我が家はそれでいくことにします。

六十五

日々のお弁当／おにぎり2種・いろいろ野菜

牛肉、春菊のおにぎり

なすの揚げ浸し
焼きお揚げ
五目煮
抜き菜の即席漬け
たくあん

野菜だけのヘルシー弁当は連日食べ過ぎの自分のために。フィールドワークに行く娘は、外でも食べやすいおにぎり弁当。鮭やたらこなどの定番おにぎりもいいけれど、毎日だと飽きてしまうかなと思って、春菊と牛肉の2種類に。しょうゆを混ぜた春菊に熱したごま油をじゅっとかけ白ごまと、牛肉はしょうゆと酒としょうがで下味をつけてさっと焼いたものをごはんに混ぜ込みおにぎりに。ごま油やごま、しょうがなどが味に変化をもたらしてくれたよう。なかなか好評でした。これに、あったかいほうじ茶を添えて。

六十六

日々のお弁当／ヒレカツ

ヒレカツ
さつまいものレモン煮
小松菜のおひたし
ゆかりごはん

適当な大きさに切ったヒレ肉に塩とこしょうをし、パン粉をつけて揚げるだけ。同じ揚げものでも、コロッケやメンチカツのように下ごしらえの少ないヒレカツは朝ささっと作れるのでお弁当向きです。今日はさつまいものレモン煮と小松菜のおひたしを。おかずのひとつに入っているとちょっとほっとする甘い煮もの。細めのさつまいもが見つかると作るおかずです。どうして細めにこだわるかというと、それはかわいいから。お弁当箱の収まりもいいのでおすすめです。さて、その細めのさつまいもは面倒でもひとつひとつ面取りをしたら、かぶるくらいの水を加えてしょうゆを少しと三温糖、レモンの輪切りを加えてコトコトとやわらかくなるまで火を通します。砂糖は三温糖にこだわっているわけではないけれど、煮ものの時は上白糖よりこちらが合うみたい。まあでもその辺りはあまり深く考えず、気分次第でいろいろと。

六十七

日々のお弁当／れんこんの豚肉詰め

れんこんの豚肉詰め
お揚げの焼いたの
ほうれん草としめじのおひたし
じゃこ山椒

明日のお弁当、何がいい？って聞いたら「うーん」と考えた末に出た答えが、このれんこんの豚肉詰め。酒としょうゆ、しょうがの搾り汁を混ぜ込んだ豚肉をれんこんに詰め、かるく片栗粉をまぶして両面焼いてからしょうゆとみりん、少量の水を入れて煮詰める。しっかりした味はお弁当向きといえるおかずです。メインのおかずの味がはっきりしているから、あとはかりっと焼いたお揚げにしょうゆをかけたものとおひたしであっさりと。おひたしも「明日のお弁当に入れて」とお願いされたもの。いつもたっぷり作るけれど、すぐになくなる。そんなに食べて飽きないのかなと思うけれど「いくら食べてもちっとも飽きない」んですって。ごはんの上には京都で買ってきたじゃこ山椒をのせて。どうやら山椒味は好きらしいけれど、山椒そのものは苦手のよう。ごはん粒ひとつ残さないのに、いつも山椒の実だけぽつりとお弁当に残っています。

六十八
日々のお弁当／ドライカレー

ドライカレー▼レシピ
目玉焼き
ピクルス

ドライカレーは、娘が小学生の頃から作っている我が家のお弁当の定番です。解凍してもおいしさは変わらないので一度にたくさん作り、1回分ずつ小分けにして冷凍保存。時間のない朝でも楽々なので、お弁当作りに四苦八苦している人にぜひともおすすめしたいおかずです。相性がいいのはピクルスと目玉焼き。いつもこの3つはセットです。他に何か加えるとすれば果物を。カレーと合わせてよく作るのが、いちごや柑橘類のマリネです。マリネと言っても、ほどよい大きさに切った果物に砂糖を少し加えて馴染ませるだけなので、とても簡単。庭のミントをちぎって入れたり、数種類の果物を混ぜたり。朝作ると、お昼にはちょうどよいかんじに馴染んでおいしいようです。夏場は保冷剤を一緒に入れて、ひんやりさせます。

ドライカレー

材料　作りやすい分量

合びき肉　500g
にんにく　1かけ
玉ねぎ　大1個
にんじん　1本
ピーマン　3個
トマトジュース　400mℓ
ローリエ　3枚
カレー粉　大さじ3
塩　適宜
オリーブオイル　適量

作り方

1　にんにくと玉ねぎ、にんじん、ピーマンをみじん切りにする。
2　鍋にオリーブオイルを熱し、にんにくを入れて香りが立ってきたら、玉ねぎ、にんじん、ひき肉の順に入れ、その都度よく炒める。
3　2にトマトジュースとローリエを入れ、10分ほど炒め煮する。
4　3にピーマン、カレー粉(好みでコリアンダーやチリ、クミンパウダーなどを入れると味に深みが増す)を入れ、さらに10分ほど煮る。
5　塩で味をととのえる。ごはんにかけていただく。

＊時間に余裕のある時は、素揚げした野菜をのせても。
なす、ズッキーニ、いんげんなどお好みで。

六十九

日々のお弁当／れんこんのオリーブオイル柚子こしょうマリネ

れんこんのオリーブオイル柚子こしょうマリネ
にんじんのナムル
小松菜とお揚げの炒め煮
ゆかりと海苔のおにぎり

豆板醤やアリッサなどの唐辛子の辛みは好きなのに、わさびやからし、マスタードは苦手という娘。はたして柚子こしょうは……と思ったら、こちらは大丈夫みたい。青唐辛子だから……でしょうか？叩いた海老に柚子こしょうを混ぜて春巻きの皮で巻いて揚げたり、焼いた手羽先につけたり。塩の代わりに柚子こしょうを使ってみるといつもとは違う風味になって新鮮です。今日は冷蔵庫にも冷凍庫にも肉や魚のストックがなかったので、メインはごろごろに切ったれんこん。食感が残るくらいにさっとゆでオリーブオイルと柚子こしょうを入れてよく和えます。おかずが野菜だけなので、おにぎりは2種類入れました。

七十

日々のお弁当／筑前煮

筑前煮
白菜の甘酢漬け

たまに食べたくなる筑前煮。にんじん、ごぼう、れんこん、こんにゃく、鶏肉、干ししいたけ……。あれこれ入れるうちにいつも鍋いっぱいにできてしまうので、翌日は自動的にお弁当のおかずになります。鶏肉はだし程度、ほんの少ししか入っていないのでもう一品、肉や魚のおかずを入れようか？と聞くのだけれど毎度「筑前煮だけで充分」という返事。私としては楽ですが、見た目にさみしいので絹さやを添え、作りおきの白菜の甘酢漬けを横に。ごはんの上には白ごまをぱらりと振って完成。筑前煮の中に入れる干ししいたけはいつも小さめのものを選びます。切る手間がはぶけるし、何よりかわいいでしょ？

七十一

日々のお弁当／切り干し大根のはりはり漬け

切り干し大根のはりはり漬け ▼レシピ
ちくわの磯辺揚げ
にんじんのきんぴら
十穀米

朝、ボーっとしていて、ふだんはひと口大に切るちくわをそのまま揚げてしまい、ワイルドな仕上がりに。揚げたものを切ろうかとも思いましたが、このワイルドさも捨てがたいものだと、十穀米を混ぜて炊いたごはんの上へドンドンとのせてみました。同じおかずも姿形が変わるとずいぶん印象が変わるものです。磯辺揚げに添えたのは、高知の日曜市で買った切り干し大根で作ったはりはり漬けと、にんじんのきんぴら。ふだん、酢で作るはりはり漬けですが、同じ市場で買ったすだちを入れてみたところ、さっぱりした味になりました。はりはりぱりぱり。いくらでも食べられそう。病みつきになる味です。

レシピ

切り干し大根の
はりはり漬け

材料　作りやすい分量

切り干し大根(太めのもの)　70g
昆布　5cm
しょうゆ　100mℓ
すだちなどの柑橘の搾り汁
　100mℓ
砂糖　大さじ2
赤唐辛子　1本
水　350mℓ

作り方

1　切り干し大根は水で戻し、食べやすい大きさに切る。
2　鍋に切り干し大根以外の調味料を入れ、ひと煮立ちさせる。
3　1に水けをよくしぼった2を加え、漬ける。

＊切り干し大根は
　太めのものを。
　歯ごたえが出て
　おいしいのです。
　おばあちゃん手作りという
　この切り干しは、
　高知の日曜市で
　必ず買うもののひとつ。

七十二

日々のお弁当／
豚肉と青梗菜のオイスターソース炒め

豚肉と青梗菜のオイスターソース炒め
オクラとヤングコーン、
プチトマトの中華サラダ

▼レシピ

前日に紹興酒としょうゆに漬け込んでおいた豚肉と青梗菜を炒め、オイスターソースで味つけしたものを白いごはんの上へ。「食べる時、ごはんに味がしみておいしいの〜」と娘。メインがしっかりした味つけなので、プチトマトとさっとゆでたヤングコーン、オクラ、仕上げに白ごまをパラリと振った中華風のサラダを添えました。このドレッシング、しょうゆとごま油、酢を合わせたシンプルなものですが、たたききゅうりやゆで鶏に和えたりと、作っておくと何かと重宝。肉の漬け込みとドレッシングの作りおきにより、時間のない朝、10分ほどで完了の簡単弁当です。

豚肉と青梗菜の
オイスターソース炒め

材料　1人分

豚バラ肉　80g
青梗菜　1/4束
にんにく　1/2個
紹興酒　大さじ1
しょうゆ　大さじ1
オイスターソース　大さじ1
こしょう　適量
太白ごま油　適量

作り方

1　豚バラ肉は食べやすい大きさに切り、紹興酒としょうゆに漬け込む。
2　青梗菜は5cmほどの長さに切る。にんにくは皮をむいて叩く。
3　中華鍋に太白ごま油を熱し、にんにくを入れて香りを出す。
4　3に1を入れ、火が通ったら青梗菜を入れて炒める。
5　4にオイスターソースを入れこしょうを振る。

＊炒める前の2まで前日にしておくと、朝が楽です。
仕上げに使ったこしょうは、赤いフタの「テーブルコショー」。
黒こしょうをガリガリ挽いて使う時もありますが、
この炒めものにはテーブルコショーが合うのです。

お弁当箱をたずねて

木工家
佃眞吾さん

河井寛次郎記念館で、大切に保管されていたお弁当箱を拝見。きちんと組み立てるとこんな佇まいに。

まぼろしのお弁当箱に会いに京都まで

ある時、木工家の佃眞吾さんとふとした会話からお弁当箱の話になりました。

「お弁当箱といえば、ずっと気になっているものがあるんです。木工家の黒田辰秋さんが、河井寛次郎さんのために作ったというお弁当箱があってね、それがすごくいいんですよ。いつか同じようなものが作れたらいいな、と思っているんです」

と佃さん。

それは今から70年も前に作られたという折りたたみの木のお弁当箱でした。23歳で木工の世界に入った佃さん。

「木工といっても、当時、僕が勤めていた会社は工芸から遠く離れた世界。でもあるときふと街で、『黒田乾吉木工塾』という看板が目に入ってね、仕事のかたわら週に何度かそこへ通うことにしたんです。乾吉さんが黒田辰秋さんの息子さんであることも、黒田辰秋さんがどんな人だったかということもまったく知らずに」

訪れた乾吉先生のご自宅で佃さんが目にしたのは、木で作られた八角形の砂糖壺。

「ただ飾るもんやなくて、こういう風に使えるものを作るのが工芸なんや。ならば、自分もこれから工芸の仕事をしていきたい！と思うたんです」

折りたたむとぺたんこに。なかに側面の板と仕切り板がぴたりと収まります。

食べ終わったらぺたんと閉じて。持ち運びに便利なだけでなく、洗いやすく、収納の場所も取らない……と利点がいろいろ。

ふたを開けた様子。べんがらで色をつけて溜め塗りしているのだとか。

その後「せっかく京都におるんやから、もっと伝統的な仕事がしたい」と、家具やお茶道具などの指物を作る工房へ。

10年に及ぶ修業のさなか、ある日、雑誌に載っていた1枚の写真に目が留まります。

「それが、戦時中に辰秋さんが寛次郎さんに贈ったというお弁当箱だったんです。ずっと気になっていたんやけど、2004年に大津で行われた辰秋さんの生誕100年記念の回顧展で初めて実物を見ることができました」

佃さんが黒田辰秋に憧れたように、黒田辰秋もまた憧れの工芸家がいました。「土と炎の詩人」と謳われた陶芸家の河井寛次郎です。京都の五条坂には、寛次郎の仕事場でもあり、家族とともに暮らした家が記念館として残されています。

「お互いの工房が近かったことから、ふだんから交流があったんやないかと思います。陶と木。扱う素材は違うけれど、ふたりの作品はこころざしが似ているような気がする。職人がするのとは少し違って自由さがある。心地よさを自分で決めるというような。そういう意味では職人ではなく作家なんやと思うんです」

佃さんの思いが詰まったお弁当箱。今は河井寛次郎記念館に保管されているとか。寛次郎の一人娘の須也子さんの、三女として生まれた鷺珠江《さぎたまえ》さんに、お弁当箱のお話をうかがってきました。

佃さんと、
河井寛次郎記念館へ

「暮しが仕事、仕事が暮し」という言葉を残した寛次郎。仕事場でもあり、家族とともに暮らした場でもあったここ五条坂の記念館には、今もなお寛次郎の息吹が残っています。

「このお弁当箱は、昭和19年頃に、黒田先生が『こんなもの作ってみました』と言って祖父(寛次郎)に持って来てくださったものらしいです」

戦時中で、みなが食べるものにも困っていた時代。登り窯を焚くことができず、執筆に専念していた時の贈りものとあって、「塗りのお弁当箱に、心豊かにさせてもらった」と寛次郎夫妻は大感激していたのだとか。

女学生だったひとり娘の須也子さんも、このお弁当箱を使うことがあったそう。食事のあと、分解して取り外せるおかげで、とても衛生的で気持ちがよかったと、父、寛次郎を懐かしむ著書のなかで触れています。

「今のように気の利いたものはなかったから、きっと素朴なおかずを入れていたと思いますよ。ごはんも大根飯とかお芋を炊き込んだものとか」

と鷺さん。

寛次郎が感激したという、けやきの木で作られたそのお弁当箱は「生活の道具」としての機能を備えながらも、折り目正しさ、そして親しみやすさが感じられるもの。年こそ違えど、互いに尊敬し合い、響き合ったふたりの「ものの作り手」のやりとりの一端を見せていただけたことで、佃さんも創作の意欲がいっそう高まったようでした。

昭和12年に寛次郎の構想で建築。没後7年目の昭和48年に記念館として開館し、今に至ります。佃さんもよく訪れるというこちらでは、登り窯や素焼き窯、寛次郎の初期から後期の作品はもちろん、木彫や書、画、黒田辰秋の作品も見ることができます。

寛次郎のお孫さんにあたる鷺さんと。中庭からの光がおだやかに差し込むなか、おじいさまの思い出をいろいろと語ってくださいました。

45度の部分を鉋でていねいに整えていきます。

組み立てる前のお弁当箱。「けやきは堅くて丈夫。少々乱暴に扱っても耐えられる。日用品にはぴったりの素材」なんですって。

とても小さな作業スペース。黒田辰秋の工房もこんな感じだったのだとか。

佃さんの工房を訪ねる

京都の街中から車でおよそ20分。佃さんの工房へ、作りかけのお弁当箱を見に行くことに。坂の途中にふいに現れたのは、こぢんまりとした木工房でした。

「河井寛次郎記念館もそうやけど、進々堂のテーブルや鍵善の棚……。京都の街には黒田さんの残り香がいたるところにある。自分たちの暮らしのなかに、今でも『在り続けている』っていうところがこの街のすごいところやと思う」と佃さん。

進々堂のテーブルも記念館の看板も、確かに今でも健在。しかもそれが特別なことではなく、街で暮らす人々に馴染んでいるのです。滋賀で生まれた佃さんが、修業を終えた後も、そのまま京都に工房を構えた意味が分かったような気がしました。

「黒田さんは近寄りがたいような、ダイナミックな作品も作っていたけれど、僕がいいなと思ったのは身のまわりの作品。お弁当箱の存在を知ったとき、すーっと入っていけたんです。僕だったらどう作ろうか？　どんな工夫をしようかって」

工房に伺うと、作りかけのお弁当箱が作業台の上に並べられていました。サイズは持っていた図録を頼りに割り出し、素材は黒田と同じけやきを使うことに。これから塗りの作業に入り、その後完成。ある日のおしゃべりから始まったお弁当箱が、とうとう形になるのです。

作り方のひとつひとつが本当にていねい。パーツだけ見ても美しいのです。

お弁当箱ができあがりました

工房におじゃましてから、1か月ほどたったある日。大切そうに包まれた荷物が届けられました。

包みを開けると、それはそれは美しい佇まいのお弁当箱が現れました。「折りたたんだ時も弁当箱になった時も、きちんとした箱になるように、上と下とでぴっちりふたができるように工夫してみました。汁が漏れたらいやだなと思って。けやきの木目がきれいに見えるように、拭き漆で仕上げました」と佃さん。

組み立ててもふたを閉じても、ごはんやおかずを詰めても「きちんとした」使い心地。さすが指物を修業されただけある。仕事がとてもていねいで、確かなのでした。

そして須也子さんがおっしゃっていたように、ばらばらになるので隅々まできれいに洗えて気持ちがいいんです。なんとも始末のよい道具です。

ところで今回の取材中、幾度となく「黒田」の名前が佃さんの口からこぼれました。本当に好きなんですね、と言うと「ずっと後追いしている感じなんやけどね」と照れ笑い。いえいえ、佃さんの作ったお弁当箱、もう立派に一人歩きしていると思いますよ。寛次郎さんが生きていらしたら、五条坂の家に「こんなん作ったんですが」と言って持って行くんだろうな。時を超えた作り手同士のつながり、なんだからうらやましい。

オリジナルは意識しながらも、佃さんなりの工夫がたくさん込められたお弁当箱。この日は卵焼き、里芋の炊いたの、小松菜とお揚げの炒め煮を。

七十四

本の中のお弁当

3月のライオン　1巻

羽海野チカ著　ジェッツコミックス　白泉社

好きな人のために、ああでもないこうでもないとお弁当のおかずを考えるひなたに、姉のあかりは「唐揚げとか卵焼きでいいんじゃないの？」とアドバイス。乙女の一大イベントにそれはないんじゃないの？あかりさん。四苦八苦しながら作ったのに結局手渡せなかったお弁当を抱え、泣きながら家に帰るひなた。いつのまにかどこかに置き忘れてしまった乙女心を思い出させてくれる、そんな一冊です。

Chapter・7 ひな

三月町に住む川本家三姉妹の次女ひなたは、同じ中学の野球部エース高橋くんに片思い中。第７話では、高橋くんの試合にお弁当を差し入れしようと、亡き母親に代わってひなたと妹のモモを支える「おねいちゃん」にお弁当の相談を持ちかけます。

七十五

本の中のお弁当

きのう何食べた? 9巻

よしながふみ著　モーニングKC　講談社

シロさん（史朗）がケンジ（賢二）とのお花見デートに用意したメインのおかずは高校生の頃、母親がお弁当にと作ってくれた懐かしの肉団子。ふだんあまり好きという態度を表に出さないシロさんですが、このお弁当には手間や工夫、そしてケンジへの愛がたくさん詰まっているのです。そしてそのことをケンジはちゃーんと知っているのですね。ふたりのつながりをじんわりと感じるお弁当です。

72

ともに暮らし始めて何年も経つ、弁護士の史朗と美容師の賢二。外でのデートをためらうお堅い史朗にある日、意を決してお花見に行こうと誘ったところ、意外にもあっさりOKの返事。料理当番の史朗が作るお花見弁当とは……。

七十六

日々のお弁当／鶏の唐揚げ

鶏の唐揚げ
ピクルス
じゃこ山椒おにぎり

前日に夜更かしをしたため、お弁当に向かう意欲があまりない朝。お母さんだって、そういう日はあるのです。ああ面倒くさいな……と思いながらも冷凍庫からしょうゆと酒、しょうがで下味をつけた鶏肉を取り出して揚げました。あとは……と途方にくれましたが、困った時はおにぎりに限ります。買いおきしておいたじゃこ山椒をさっと混ぜて小さめおにぎりを３つ握りました。空いた部分には作りおきのピクルスを。手抜き弁当に少し反省しましたが、帰ってきた娘に今日のお弁当どうだった？と聞いたら「おいしかったよ」との返事。よかった。

七十七

日々のお弁当／肉団子

肉団子
にんじんのナムル
卵焼き
じゃこ
梅干し

ミートソースや鶏のオーブン焼き、じゃがいものグラタン……。母の料理はとてもおいしいのですが、たまに無性に食べたくなる料理のひとつが、卵焼きです。東京生まれの母が作る卵焼きは、しょうゆと砂糖がしっかり効いた、いかにも東京の味。だしを効かせた関西風のものとは、ひと味もふた味も違います。年季の入った卵焼き器で一度に6個の卵を使って焼くこの卵焼きは、ふたりの姉もたまに恋しくなるよう。お正月、実家に集まる時などに、伊藤家の食卓に上がる定番のおかずです。今日は、母にお願いをして卵焼きと肉団子を作ってもらいました。このふたつのおかずは、母がよくお弁当に入れてくれたもの。ちょっと甘じょっぱい懐かしの味です。

七十八

日々のお弁当／タイ風鶏肉とピーマン炒め

タイ風鶏肉とピーマン炒め ▼レシピ
タイ米
なます
プチトマト
香菜

タイカレーとタイ米が好きな娘。スープカップにタイカレーを入れて持っていくこともあるけれど、ある時、炒めた鶏肉と野菜をタイカレーペーストとナンプラーで味つけしたらどうかしら？　と試したところ「おいしい〜！」と目をまん丸にして大喜び。ふだん渋めの和風弁当を好む娘ですが、時にこんなお弁当もうれしいようです。このタイ風ドライカレー（？）に欠かせないのが、なますです。作り方はとても簡単。食べやすい大きさに切った大根とにんじんに塩をし、30分ほど置いて水けをしぼったらナンプラーとレモン汁、ほんの少しの砂糖を入れてよく混ぜたらできあがり。香菜とプチトマト、ごはん、なます、そして炒めもの……。よーくスプーンでかき混ぜながら食べると、口の中でいろんな味がはじけます。鶏肉はひき肉でも。

タイ風
鶏肉とピーマン炒め

材料　作りやすい分量

鶏もも肉　1枚
赤パプリカ　1/2個
黄パプリカ　1/2個
グリーンカレーペースト　小さじ1
ナンプラー　小さじ2
サラダ油　適量

作り方

1　鶏もも肉は1.5cm角くらいの大きさに切る。

2　パプリカも鶏肉と同じ大きさに切る。

3　フライパンにサラダ油を熱し、グリーンカレーペーストを入れ、香りを出す。

4　3に1を入れよく炒め、火が通ったら2を加え、ナンプラーで味をととのえる。

＊少しよりも、ある程度の分量があったほうが
おいしくできるので、いつももも肉1枚を使って作り、
自分の分のお弁当も作ります。
写真の香菜たっぷりお弁当は私用。
香菜が苦手な娘にはなますとプチトマトを多めに入れました。
半分残ったパプリカは、P100の煮込みなどに。

七十九

あの人のお気に入り

コロンブックス

湯浅哲也さん

まつざかの炭火焼弁当

名古屋でコロンブックスという本のセレクトショップを営む湯浅さん。と同時にデザイナーとしても活動されて大忙しのはずなのに、いつもニコニコしていて、お会いするだけでなんだか楽しくなってしまう。湯浅さんがご機嫌でいる理由のひとつは食いしん坊だからじゃないかな、と思うのですがどうでしょう？

さて、そんな彼に名古屋のお気に入りのお弁当をうかがったところ、まっ先に挙げてくださったのが、肉料理まつざかの焼き肉弁当。

今まで何度となく食事をご一緒したことから、私の肉好きを察知してくれた模様。「名古屋でまさこさんに紹介したい店ナンバーワンです！」と胸を張ってすすめてくださいました。

「僕の友人が家族で経営する炭火焼き肉店のお弁当です。肉の卸元なので、肉質も抜群なんですよ」

ふたを開けてみると炭火で焼いた肉の香りがふんわり。少し甘めのタレをかけてひと口パクリ……。肉とごはんにコールスロー。一見素朴な見た目とは裏腹に、すべてが上品で繊細な味。肉と同じくらい人気というコールスローも後をひくおいしさで、肉→コールスロー→ごはんをくりかえし、あっという間に平らげてしまいました。ああ、幸せ。肉の持つパワーってすごいですねぇ、湯浅さん！

MATSUZAKA
まつざか

八十

あの人のお気に入り

湯浅哲也さん

花果《ホアクア》のアジアン弁当

喫茶店の海老フライサンドに、天むす、ひつまぶし……。いかにも名古屋らしいお弁当も候補に挙げてくださった湯浅さん。おすすめのお弁当ひとつひとつていねいに説明してくれたのですが、お店への愛情がこもっていて、聞いていてなんだかうれしくなりました。中でもまつざかと同じくらいすすめてくださったのが、花果のアジアン弁当です。

「若い姉妹が営む台湾をはじめとするアジア料理の店なんです。豚の角煮ごはん、ガパオライス、鶏肉飯、水餃子など、なんでもおいしい。ついこの前も台湾へ長期滞在して料理の勉強をしていたようですよ」

おお、それは興味津々です。さて湯浅さん絶賛の鶏肉飯。ひとくち食べてみると……あっさりさっぱり。野菜たっぷりでなんとも健康的ではありませんか。ああ、これなら毎日食べてもいいなぁと思う飽きのこないやさしいお味。「なんでもおいしい」という、ほかのお弁当もいつか食べてみたいものです。

それにしても炭火焼き肉からエスニックまで。前から、連れて行ってくださるお店選びに幅があるなぁ……と思っていましたが、それはお弁当選びにも。それと同時に、名古屋の食の奥深さも知れたような……そんな気になりました。

湯浅哲也
グラフィックデザイナー。1969年、愛知県生まれ。
デザインアトリエを兼ねた予約制ブックサロン、コロンブックス代表。

八十一

日々のお弁当／豚肉とアスパラガスのソテー

豚肉とアスパラガスのソテー
ゆで卵
プチトマト
梅干し

細めのアスパラガスをたくさんいただいたので、お弁当のおかずにも。ゆでてマヨネーズを添えたり、1センチくらいの長さに切ってコロコロに切ったベーコンと炒めたり。同じ素材が何日も続く場合は、なるべく味わいや見た目の印象を変えて料理します。今日は豚肉のしょうが焼きにアスパラを入れてみました。初めての試みでしたが案外いけるみたい。「また作って」とお願いされました。ゆで卵には白だしを染み込ませてから白ごまをふります。黄身の部分に味が染みてお弁当のおかず向きなのです。白だしは今まで使ったことがなかったのですが、パロルのえみさん（P54）のレシピがきっかけでよく登場するように。新しい調味料、なかなか興味深いものです。

八十二

日々のお弁当／ビビンパ

もやしとほうれん草のナムル
牛肉の炒めもの
韓国海苔

野菜のナムルはごま油と塩、白ごまの味つけで。ゆでた野菜に和えるだけなので、手軽にできるし何より野菜がたくさん食べられるのがいいところ。においが気になるのでにんにくは入れません。野菜はにんじん、きゅうり、ズッキーニなどなんでも。今日は2種類だけですが、種類は多ければ多いほど味わいや食感に変化が出ておいしい。ナムルには牛肉を焼いたものを一緒に。前日にしょうゆと酒で下味を漬けておき、朝は焼くだけ。いつもはコチュジャンも一緒に炒めますが、今日は別添えに。韓国海苔はごはんやナムルを巻いて食べてもよし、ちぎったものを混ぜてもよし。コチュジャンと合わせて、好きな味つけでどうぞ。

八十三

日々のお弁当／コロッケ

コロッケ ▼レシピ
きゅうりとにんじんのサラダ
とうもろこしのおにぎり

ハッ！　寝坊しちゃった、時間がないよ。今日はお弁当なしでもいい？と聞くと「うーん、できたら作ってほしい」との返事。今日は学食で食べればいいんじゃないの？　温かいもの食べられるのに……と思うけれど「ママのお弁当がいい」と言われるとやっぱりうれしい。急いで冷凍庫を見回すと、お弁当用に作っておいたミニコロッケを発見。他におかずを作る余裕はないから、これまた冷凍しておいたとうもろこしとごはんを混ぜておにぎりに。にんじんときゅうりで簡単なサラダを作ってなんとか形になりました。今日のお弁当は炭水化物ばかりだから、夜は野菜中心に。そう、お弁当だけですべてのバランスを取らなくていいのだ。一日の食事の中でバランスを取ればいいのだ！……そう思うとちょっと気が楽。

コロッケ

材料　作りやすい分量
じゃがいも　5個
豚ひき肉　300g
玉ねぎ　1個
ゆで卵　1個
バター　適量
塩　適宜
こしょう　適宜
小麦粉　適量
溶き卵　1個分
パン粉　適量
揚げ油　適量

作り方
1　じゃがいもは、皮ごと蒸し器や蒸籠に入れ、竹串を刺してすっと通るまで蒸す。
2　フライパンにバターを溶かし、みじん切りにした玉ねぎを入れてよく炒め、豚肉を入れ、火が通るまで炒めたら、塩とこしょうを振る。
3　ボウルに皮をむいてつぶした1と2、細かく切ったゆで卵を入れ、成型する。
4　小麦粉、溶き卵、パン粉の順に衣をつけ、180℃の油でからりと揚げる。

＊コロッケにゆで卵を入れるのは母のレシピ。
こっくりとした味わいになります。
メンチカツと同じで、コロッケも多めに作り、
まずは晩ごはんにいただきます。
その後、お弁当用に小さく成型して冷凍。

余志屋
川那辺行繁さん

京都のおばんざい弁当

この笑顔に会いたくて訪れるお客様も多いのではないかな。もちろん私も。

京都を訪れると、まっ先に思い浮かぶのは余志屋の料理。おだしの香りに包まれながらカウンターに座り、料理に向かう大将の後ろ姿を見て過ごす時間のなんと幸せなこと。

「お客様に、おいしいものを食べさせたい」。そんな気持ちがひしひし伝わってくる大将の料理がとても好きです。そこでふと思いました。大将なら、どんなお弁当を作るんだろうって。もちろんプロの腕には敵わないけれど、家でできるお弁当のおかずを教えてください！　そうお願いして作っていただいたのが西京焼きをメインにしたお弁当です。

「今日はマナガツオを使いましたが、鯖とか鰺とか魚だったらなんでも。イカでもいいし。みそ床がもったいないから一度作ったらいろいろ漬けてみたらええと思います」と大将。漬けた魚はひとつひとつラップをして冷凍しておくこともできるとか。れんこん餅に白和え、じゃこと満願寺唐辛子の炒めたの、そしてかやくごはん！　余志屋の「おいしい」がギュッと詰まったお弁当です。

メでいただく釜飯も毎度楽しみ。食べきれないとおにぎりにして持たせてくれるのですが、それも最高です。

味のバランスはもちろん、彩りや盛りつけも美しいお弁当。さすがプロのお仕事とうなるばかり。お弁当箱は私のものを持参。いつものお弁当箱も、中身が変わるとこんな風になるのですねぇ。

「やっぱりだしが基本やね」と大将。
ちらとのぞいた厨房には、
ボウルに山と入ったかつお節と昆布が。
料理の基本となるおだしの取り方も
教わりました。

1.5 番だしの作り方

材料

昆布　20g
削り節　40～50g
水　10カップ

作り方

1　昆布はかたく絞ったぬれぶきんで表面をさっと拭く。
2　鍋に昆布と削り節、水を入れ、沸騰するくらいの中火で10～15分ほど火にかける。
3　95℃くらいで昆布を取り出し、さらに弱火で10～15分煮る(アクをよく取る)。
4　火を止め、削り節が沈んだら漉す。

レシピ１

かやくごはん

材料　作りやすい分量

米（浸水したもの）　３カップ

A　だし　550mℓ
　酒　小さじ４
　薄口しょうゆ　大さじ１強
　濃口しょうゆ　小さじ１

こんにゃく　50g

金時人参　50g

れんこん　50g

ごぼう　50g

鶏もも肉　50g

油揚げ　1/4枚

三つ葉　適量

作り方

1　こんにゃくは5mmの細切りにし、湯通しして水分をとばし、から煎りする。金時人参は3mm角に細切りにし、れんこんは薄い半月切りに、ごぼうは細かいささがきにする。鶏肉は食べやすい大きさに切る。

2　油揚げは焼き網にのせ、焦げ目がついたら細かく切る。湯通しをして、油抜きにする。水に取って冷ました後、手でぎゅっとしぼり、水けをきる。

3　釜に米、Aを加え、強火にかける。沸騰してきたら火を弱め、1、2の具材を加え、10分ほど弱火にかけて火を止める。

4　5〜10分ほど蒸らし、炊き上がったら、三つ葉を散らす。

レシピ２

マナガツオの西京焼き

材料　作りやすい分量

マナガツオ（好みの白身魚）　4切れ
塩　少々
白つぶ味噌　500g
A｜煮きりみりん　大さじ3
　｜煮きり酒　大さじ3

作り方

1　マナガツオは水洗いをし、三枚におろして切り身にし、うす塩をする。20分ほどおいておく。

2　つぶ味噌をAでのばした床に、1を漬ける（1～2日程度）。

3　床から魚を取り出し、味噌を拭き取り、串を打つ。遠火の弱火でじっくりと焼く。

＊魚焼きグリルを使う場合もごくごく弱火で慌てないこと。

＊味噌床は新しい味噌を足せば2、3回使うことができるとか。だいたい耳たぶくらいの固さが目安だそうです。

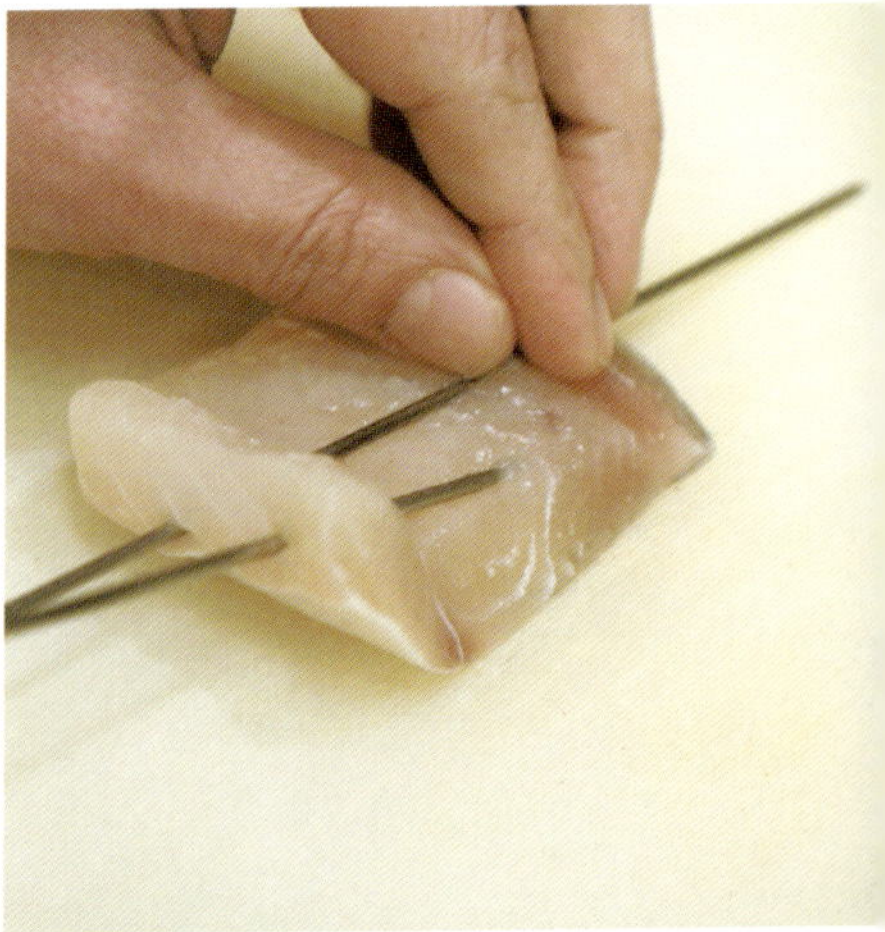

レシピ3

つくねれんこん餅

材料　作りやすい分量

れんこん　500g
つくね芋(山芋)　50g
卵　1/2個
塩　小さじ1/2
揚げ油　適量
もみじおろし　適量
青ネギ　適量
ポン酢　適宜

作り方

1　れんこんは皮をむき、すりおろす。ざるに取って手で押し、耳たぶくらいのかたさになるように水分を取る。つくね芋は皮をむき、すりおろす。

2　ボウルに1、溶き卵、塩を加え、よく混ぜ合わせる。

3　2をピンポン玉くらい(25g)に丸め、170℃の油でこんがり揚げる。

4　3を器に盛り、もみじおろし、青ネギを添える。好みで、ポン酢をつけていただく。

レシピ4

じゃこと万願寺唐辛子の炒め煮

材料　作りやすい分量

万願寺唐辛子　80g
ちりめんじゃこ　50g
だし　100mℓ
油　小さじ1
A　酒　100mℓ
　みりん　大さじ1
　薄口しょうゆ　大さじ2
　濃口しょうゆ　大さじ1
実山椒　適量

作り方

1　万願寺唐辛子はへたを取り、縦半分に切り、種を取り除いて食べやすい大きさに切る。

2　鍋に油を熱し、1を加えて炒める。しんなりしたら、だしを加え、火にかける。

3　煮立ったら、ちりめんじゃこ、Aを加え、汁けがなくなるまで5～10分ほど煮る。

4　火を止める直前に、実山椒を加える。

レシピ5

白和え

材料　作りやすい分量

豆腐　1丁
白いりごま　大さじ4
A　だし　大さじ1
　　砂糖　大さじ1と1/2
　　薄口しょうゆ　小さじ1〜1と1/2
　　塩　少々
ほうれん草　1/2束
金時人参　1/2本
こんにゃく　1/2枚
まいたけ　1/2パック
B　だし　150㎖
　　みりん　大さじ2
　　砂糖　大さじ2
　　薄口しょうゆ　大さじ2

作り方

1　豆腐はしっかり水きりし、裏ごしする。
2　すり鉢に白いりごまを入れ、粒がなくなるまでよくすり、1とAを加え、さらにすり合わせる。
3　ほうれん草は塩ゆでし、冷水にとって水けをきり、3cm幅に切る。金時人参は2mm幅に細切り、こんにゃくは5mm幅の拍子切りにし、熱湯でゆがき、鍋でから煎りする。まいたけは細かくさいて湯通しし、冷水にとる。
4　鍋にBを入れて火をつけ、3のほうれん草以外の具材を入れる。煮立ってきたらアクをとり、5分程度煮込む。バットに移して冷ます。
5　ボウルに2と汁けをきった4、ほうれん草を加え、よく混ぜ合わせる。

八十五

日々のお弁当／干し菜入り中華風肉味噌

干し菜入り中華風肉味噌▼レシピ
きくらげとプチトマトのマリネ

高知の日曜市や松本の市場で見かける、干した葉っぱ。実はなんの葉だか分からないのですが、炒めものに加えると、こっくりして、生の青菜とはひと味もふた味も違う味わいになるのです。乾燥しているのである程度は日持ちがするから、思い立った時に使えるのがうれしい。この干し菜ですが、どこでも売っているとは限らないので、どうしたらよいかと思っていたら「私は大根やカブの葉っぱを干してるよ」と友だち。なるほど、それなら、いつでも作れるわと目からウロコのアドバイスでした。自分で作ると干し具合も加減ができるのがうれしい。私は冬の晴れ間に1日干したくらいの乾燥具合が好みです。ちょっと辛くてしっかりした味つけのこの肉味噌は、ごはんの上にのせて。食べごたえがあるので、添えるおかずがひとつで充分なところもうれしい。

レシピ

干し菜入り中華風肉味噌

材料　作りやすい分量

豚ひき肉　300g
長ネギ　1/2本
しょうが　1かけ
にんにく　1/2かけ
干し菜　適宜
紹興酒　大さじ2
しょうゆ　大さじ1と1/2
豆板醤　小さじ1
味噌　大さじ1
太白ごま油　適量

作り方

1　長ネギとしょうが、にんにくはみじん切りに、干し菜は水に戻しよくしぼり、みじん切りにする。半干しの場合はそのままみじん切りに。

2　中華鍋に太白ごま油を熱し、長ネギ、しょうが、にんにくを入れて香りを出す。

3　2に豚ひき肉を入れてよく火を通したら、干し菜を加えてさらに炒める。

4　3にすべての調味料を入れ、汁けがなくなるまで煮詰める。

＊お弁当にはもちろん、
　蒸した豆腐にのせたり、
　お粥に入れたり。
　レタスに包むと前菜風。

八十六

日々のお弁当／鶏ささみのごま揚げ

鶏ささみのごま揚げ ▼レシピ
ごぼうのきんぴら
ほうれん草としめじのおひたし
梅干しのおにぎり

前日の晩ごはんは、鶏1羽をぶつ切りにした唐揚げ。ぶつ切りにするのは少々手がかかるけれど、いろいろな部位が味わえるし、骨からはスープが取れるしと何かとおいしいオマケつきなのです。その時にささみの部分だけお弁当用に取っておき、翌朝、ごまをまぶして揚げました。ささみの揚げものは、もも肉を使った唐揚げとはまた違って、さっぱりしていておいしいのです。ごまは京都のむら田のものを。おにぎり、ナムル、きくらげの和えもの、きんぴら……とありとあらゆる料理に使うので、京都に行くたびに買い足して、うっかりない！　なんてことのないようにしています。鶏ささみのごま揚げに添えたのは、ごぼうのきんぴらとほうれん草としめじのおひたし。おにぎりの上には梅干しをちょこんとのせてみました。

レシピ

鶏ささみのごま揚げ

材料　1人分
鶏ささみ　1、2本
白ごま　適量
酒　小さじ1
塩　適量
こしょう　少々
溶き卵　少々

作り方
1　鶏ささみは酒と塩、こしょうで下味をつける。
2　1に溶き卵をつけ、白ごまをたっぷりまぶし、180℃の油で揚げる。

＊今日は白ごまを
使いましたが、黒ごまでも。
朝、時間に余裕があれば
白と黒、両方にすると
見た目も味わいも
変化がつきます。

八十七

日々のお弁当／根菜と豚バラの混ぜごはん

根菜と豚バラの混ぜごはん
春菊のサラダ

盛岡の友だちから里芋が1箱届いたのでせっせと里芋料理を作る毎日。煮もの、オーブン焼き、フリット……ときて今日は炒めものに。里芋とれんこんと大根などの根菜と豚バラ肉を炒め、しょうゆと酒と味噌、砂糖少々で味つけしたものをごはんに混ぜました。春菊はしょうゆ、酢、ごま油と白ごまでさっと和えたものを。ごはんがまだ熱いうちに急いでサラダを入れてしまったため「ちょっとべちゃっとしてたよ」とのこと。朝は落ちついた心が必要です。

おかずの色あいが茶色っぽかったり、あまりにがつんとしすぎて乙女度に欠ける場合は、かわいいお弁当包みでカバー。このチェックのものは小学校入学の時にお弁当用に縫ったもの。

八十八

日々のお弁当／ヒレカツ・2

ヒレカツ
キャベツ
たくあん

揚げたてのカツはロース派なのですが、お弁当の場合はなぜかヒレ派です。前日からカツが食べたかったので、今日のおかずは迷うことなくヒレカツに。作りおきした切り干し大根の煮ものを入れようかどうしようか迷いましたが、ここはどーんとカツのみ！の男子弁当に。ソースはウスターソースを赤いふたの容器に入れて横にちょこん。地味なお弁当ですが、この赤がチャームポイントとなったみたい。よかった。ごはんは思い立って圧力鍋で炊いてみました。いろんな鍋で炊くのは趣味ともいえますが、圧力鍋で炊くともっちり。おかずによって使い分けてもいいな。

合羽橋で買った容器にソースを入れます。他に仕切りに使う紙のカップや、ちまきを包む竹の皮なども合羽橋で。

編集者
岡本仁さん

加島屋の鮭いくら丼

今日は倉敷。昨日は笠間。あれっ、ついこの前、ロサンゼルスに行ってらしたのではありませんか?

いつも軽やかに大陸を移動し、各地のおいしいものやすてきなものを私たちに発信してくださる編集者の岡本仁さん。その移動距離に比例するかのように、お弁当との出会いも多いのではないでしょうか。

「気に入りは加島屋の鮭いくら弁当。新幹線に乗る前に東京駅の近くのデパ地下まで買いに行ったこともあったけれど、駅の中に加島屋を見つけてからは、あまり無理せずにここで調達することが多いかな。おいしいのはもちろん、常に小腹を空かせておこうと思っている僕には、これくらいの量がちょうどいい」

ごはんの上に錦糸卵がふわり。その上にほぐした鮭といくらがのって……。味わいといい色あいといい、なんともやさしげ、そしてたしかにいい塩梅の量です。それにしてもつねに小腹が空かないようにとおやつを持ち歩く私とは対照的なそのお考え、どうしてですか?と尋ねると「いつでもおいしく食べられるように」ときっぱり。肝に銘じました。これで東京駅でお弁当に困ることはない……と安心していたらなんと近々閉店してしまうとか!! またどこかでお目にかかれる日を切望します。

九十

あの人のお気に入り

岡本仁さん

Pho321 Noodle bar の ヴェトナム風チキンライス

「四角い写真の真ん中に丸いお皿がおさまったレイアウトが好き。もうひとつのお弁当も、丸つながりで選んでみました」という岡本さん。おー、さすがベテラン編集者。味わいの違いだけでなく、見た目のバランスまで考えてくださるなんて。鮭いくら丼とチキンライス、じつは丸以外にも、ごはんにおかずがのっている、という共通点があるのです。

「おかずとごはんが別々になっていると、どこから手をつけていいか分からなくなってしまうんです。その点、ごはんの上におかずがのっていたら自分の好きな配分で食べられる。おかずとごはん、おかずをいくつかとごはんを混ぜて……なんていう具合に」。なるほど。

「チキンとゆで卵、トマト、野菜の甘酢漬け……。ひとつのお弁当の中で甘い、辛い、酢っぱい……といろんな味や食感が楽しめておいしいでしょう？」

どれどれ？　まずはチキンを。次はチキンとごはん。ゆで卵をくずして混ぜてみようか。プチトマトも一緒に食べてみようか。ああ本当だ。味がどんどん広がっていく。なんだかちょっと得した気分になりました。そしてなんといってもすごいのは、食後軽やかでいられたこと。これなら次の食事もおいしく食べられそうです。

岡本仁
1954 年、北海道生まれ。『BRUTUS』『relax』『ku:nel』等の編集に携わったのち、
2009 年ランドスケーププロダクツに入社。著書に『果てしのない本の話』などがある。

九十一

日々のお弁当／スパイス入り野菜スープ・クスクス

時々、冷蔵庫の野菜の片付けもかねて作るのがこのスープです。スパイスをたっぷり効かせたスープにクスクスを染み込ませながら食べるのですが、野菜がたくさん食べられる上に、食べごたえも充分。この野菜の煮込みとしいたけのタブレに焼いたラムなんかがあれば、立派な晩ごはんにもなります。娘は小さな頃からこれが大好きで、台所からスパイシーな香りが漂ってくると、それだけでご機嫌。お弁当にも持っていきたいというので、このスープと野菜を入れたタブレを一緒にするのが定番となりました。タブレは空豆の時もあれば、グリーンピースを入れることも。イタリアンパセリのみじん切りをたっぷり入れてそれでおしまい、なんて時もあり、自由気まま。要は野菜スープと合っていれば、それでいいのです。

スパイス入り野菜スープ▼レシピ
しいたけのクスクス▼レシピ

しいたけのクスクス

材料　1人分
しいたけ　3個
にんにく　1/2かけ
クスクス　1/2カップ
湯　1/2カップ
イタリアンパセリ　適量
塩、こしょう　各適量
オリーブオイル　適量

作り方
1　しいたけは手で食べやすい大きさに割き、にんにくはつぶす。
2　フライパンにオリーブオイルを熱しにんにくを入れ、香りが出たらしいたけを加え、よく炒める。
3　2に火が通ったら塩とこしょうで味をととのえる。
4　ボウルにクスクスとお湯を入れラップをして5分ほど蒸らす。
5　4に3を入れ、刻んだイタリアンパセリを加え味を見て足りなければ塩をする。

スパイス入り野菜スープ

材料　作りやすい分量
にんにく　1かけ
玉ねぎ　1/2個
ズッキーニ　1本
パプリカ(赤・黄)　各1個
モロッコいんげん　5本
トマト缶　1缶
オリーブオイル　適量
塩　適量
クミンパウダー、コリアンダーパウダー、チリパウダーなど　適量

作り方
1　にんにく以外の野菜は食べやすい大きさに切る。
2　鍋にオリーブオイルをたっぷり熱し、つぶしたにんにくと玉ねぎを入れよく炒める。
3　他の野菜をかたい順に入れ、その都度よく炒める。
4　野菜に火が通ったらトマト缶を入れ、水(分量外)をひたひたより少し多めになるくらい鍋に入れ1時間ほど煮込む。
5　スパイスと塩を入れて、さらに30分煮込む。

＊スープに入れる野菜は他ににんじん、いんげん、なすなど。
煮込みに時間がかかるので前夜仕込んでおきます。

九十二

日々のお弁当／ミニメンチカツ

ミニメンチカツ ▼レシピ（P93）
スパイスゆで卵
とうもろこしとベーコン炒め

メンチカツは晩ごはんのおかずに仕込んだものをお弁当用に小さく作って冷凍。前の晩に冷蔵庫へ移して解凍し翌朝揚げます。スパイスゆで卵はオリーブオイルにカレー粉やクミン、チリパウダー、塩を混ぜたものをゆで卵につけておきひと晩。伊勢原の野菜の直販所で買った産みたて卵は小さめだったので、半分に切らず丸のまま。夏にたくさんいただいたとうもろこしは、蒸してほぐし小分けして冷凍。缶詰よりだんぜんおいしいし、冷凍庫にストックしておくと何かと重宝。厚切りベーコンとともにバターで炒めて塩とこしょうで味つけしました。

九十三

日々のお弁当／タイカレー

タイカレー
インディカ米ごはん
いろいろ柑橘のハチミツミントマリネ

鶏肉とたけのこをさっと炒め、グリーンカレーペーストを加えてさらに炒め、水とココナッツミルクとふくろ茸を入れて火が通るまで煮込んだらナンプラーで味つけを。この間およそ15分。タイカレーペーストがあれば朝、手軽にタイカレーが作れてしまうのです。レモングラスとバイマックルーの葉が入るとより本格的。いつでも作れるようにと冷凍しておきます。ごはんはインディカ米を。カレーの汁けを吸わずさらりと食べられるところが好き。タイ米の炊けるにおいとタイカレーを煮る匂いに包まれた台所はなんだかいつもと違う雰囲気。だしがベースのお弁当もいいけれど、夏の間はこういうのもいいね。

九十四

本の中のお弁当

キッチン

吉本ばなな著　角川文庫

旅先で、とんでもなくおいしいカツ丼と出会った主人公のみかげは、店のおじさんに頼んで作ってもらったみやげ用パックに入ったカツ丼を持って遠い町にいる雄一のためにタクシーを飛ばします。色恋沙汰に衝動はつきもの。おいしいものを好きな人に味わってもらいたい気持ち、分かるなあ。

やがてカツ丼がきた。

私は気をとり直して箸《はし》を割った。腹がへっては……、と思うことにしたのだ。外観も異様においしそうだったが、食べてみると、これはすごい。すごいおいしさだった。

「おじさん、これおいしいですね！」

思わず大声で私が言うと、

「そうだろ。」

とおじさんは得意そうに笑った。

いかに飢えていたとはいえ、私はプロだ。このカツ丼はほとんどめぐりあい、と言ってもいいような腕前だと思った。カツの肉の質といい、だしの味といい、玉子と玉ねぎの煮え具合といい、固めに炊いたごはんの米といい、非の打ちどころがない。そういえば昼間先生が、本当は使いたかったのよね、とここのうわさをしていたのを思い出して、私は運がいいと思った。ああ、雄一がここにいたら、と思った瞬間に私は衝動で言ってしまった。

「おじさん、これ持ち帰りできる？　もうひとつ、作ってくれませんか。」

そして、店を出た私は、真夜中近くに満腹で、カツ丼のまだ熱いみやげ用パックを持ちとほうにくれてひとりで道に立ちつくすはめになってしまった。

九十五

愛情生活

荒木陽子著　作品社

名古屋行きの新幹線に乗り込んだ陽子さん。旅に出る前、あれ食べようこれ食べようとうきうきしていたけれど、病み上がりの夫とともに食べたのは車内販売で買ったミックス・サンドウィッチとせん茶だけでした。味気ない旅のはじまりだったにもかかわらず、まるで他のページに出てくるごちそうと同じようにおいしそうに感じてしまうのは、愛する人と一緒に食べたお弁当だったからなのでしょうか。

アワビステーキへの道

私は昼食の事が非常に気になり始めた。新幹線に乗ると必ず、食堂車に行こーぜ、と私をせきたてる彼が今日は一言も発さないからである。

「あなたー、お昼ごはんどーするの、一時頃に何か軽いものでも食べない。サンドイッチとか」

「んー、そーだなー、そーするか」

彼はどーでもいい様子である。病み上りの自らを気遣ってか、以前だったら列車に乗り込むや否や飲み始めるビールもないし、大人しいものである。

いづ重の粟麩巻

数年前から月に一度くらいの割合で訪れている京都の街。そんなに？と驚かれることが多いけれど、いつも新しい発見があるから、何度来ても楽しい。このままずっと通い続けるのだろうな……そんなことを予感させる街です。

東京から新幹線で2時間という距離もほどよくて、移動している間になんとなく気持ちの切り替えができている。帰る頃には、さあ仕事に向かうんだ、毎度そんな気持ちになるから不思議です。

帰る途中、お腹が空くといけないから、何か食べるものを買ってから新幹線に乗ろう……そんな時に足が向くのが祇園のいづ重です。鯖寿司、ぐぢ姿寿司、いなり寿司、巻寿司……。いつも変わらぬおいしさと、八坂神社前という地の利のよさも手伝ってついつい足が向くお店です。

中でも好きなのが、粟麩巻。甘辛く炊いた麩が具の海苔巻きです。鯖寿司もいいけれど、見かけると手が伸びるのはこちらです。もちっとした食感の海苔巻きはいつ食べても新鮮。横に添えられたしょうがの甘酢漬けを時々つまみ、温かいお茶を飲めば気分は上々。

ああ、次はいつ来れるのかしらとスケジュールの算段をしながら帰るのです。

九十七

私のお気に入り

ヤオイソのフルーツサンド

京都での滞在中に無性に食べたくなるのが、ヤオイソのフルーツサンドです。初めて訪れたのは、もう10年ほど前の夏のこと。

街歩きに疲れて、ふらりと立ち寄ったのがきっかけです。その時にいただいたのが、マンゴー入りのフルーツサンド。ひやりと冷たいアイスティとフルーツサンドのなんとおいしかったこと。夏の思い出深い味になりました。

以来、夏とは言わずちょこちょこうかがっては、いちごやメロン、いちじくなど、その季節ごとのフルーツサンドを楽しんでいます。

やわらかい食パンに生クリームと瑞々しいフルーツがおしげなく入ったその姿は、まさにサンドウィッチ界のお姫様。おいしさに加えて見た目の愛らしさもフルーツサンドの魅力ではないかな。

フルーツサンドにスペシャルフルーツサンド、ロイヤルフルーツサンドと種類いろいろ。もしも迷ったら、お店の方に相談してみるのもいい。創業１２０年。フルーツのプロがとても親切に対応してくださいます。

鴨川の川辺で。植物園で。骨董市でも、包みを開いてパクリと食べちゃう。ヤオイソのフルーツサンドは私の京都の気に入りの場所とともにあるのです。

九十八

日々のお弁当／シウマイ・がんもどき

崎陽軒のシウマイ
手作りがんもどき ▼レシピ
ごぼうのきんぴら
しらたきのナンプラー風味
素揚げいんげんのおかかじょうゆ
古漬け

できあいのおかずはほとんど買わないけれど、崎陽軒のシウマイだけは別。自分で作るシュウマイでもなく、どこそこの高級中華のシュウマイでもない、崎陽軒ならではのおいしさがあるのです。なので今日のメインはシウマイ。でも作りおきのおかずがたくさんあったので、シウマイは3つに留め、野菜多めのお弁当に。がんもどきは前日の晩ごはんの仕込みの時に、お弁当用に小さくまとめて揚げておいたもの。翌朝グリルでかりっと焼きます。豆腐やお揚げが大好きな娘は、このがんもどきも大好物。作り方はとても簡単で、水きりした木綿豆腐ににんじんときくらげ、卵、片栗粉を混ぜて揚げただけ。味はつけずにしょうがじょうゆを添えて。なんとなく油を使ったものが多くなったので、ぬか床からよく漬かったきゅうりとにんじんと大根を掘り出し、刻んだものを中央にのせてみました。

レシピ

手作りがんもどき

材料　作りやすい分量

木綿豆腐　1丁
卵　1個
片栗粉　大さじ2
にんじん　4cm
きくらげ　5、6枚
揚げ油　適量

作り方

1　木綿豆腐はよく水きりする。きくらげは水で戻す。

2　にんじんときくらげは細切りにする。

3　ボウルに1と2、卵、片栗粉を混ぜ、食べやすい大きさに成型する。

4　180℃の油で、少しきつね色になるまで揚げる。

＊前日に揚げておき、翌朝に
オーブントースターなどで
かるくあぶっても。
しょうがじょうゆに
つけながら、いただきます。

九十九

日々のお弁当／ハンバーグ

ハンバーグ
ゆで卵
きゅうりの漬けもの
にんじんのナムル
かりかりじゃこ

今日のメインは煮込みハンバーグ。1週間くらい前に作ったものを冷凍しておいたのです。玉ねぎのみじん切りをバターで炒めたものと合いびき肉、パン粉と卵に塩、こしょう。これを好きな大きさに丸めて両面焼いてから、ケチャップとウスターソース、それから牛乳でぐつぐつ火が通るまで煮込みます。牛乳が入る驚きのレシピは母から教わったもの。ケチャップ1、ウスターソース1、牛乳2の割合を目安で作るとお弁当向きのこっくりした味わいのハンバーグに仕上がります。ごはんの上にはカリカリに炒ったじゃこ、にんじんのナムルとゆで卵、塩もみきゅうりには思いつきでゆかりを混ぜてみましたが「お弁当箱開けたらすごい色になってたよ」とのこと。味もどうやら微妙だったようなので、きゅうりのゆかり和えは一度きりになりました。そういうこともたまにはある。

百

日々のお弁当／焼き鮭

焼き鮭
しいたけのフライ
菜の花のごま和え
たくあん

この曲げわっぱのお弁当箱は、娘の小学校入学を記念して買いました。途中、中学生の時にキャラクターのものに憧れて変えたことがありましたが「ママがなんだかピンときていないようだし、やっぱりこっちのほうがおいしそうに見える」と言ってすぐに復活。ああよかった、とほっと胸を撫で下ろしました。ところが最近、重大なことを知ったのです。ずっと縦に食べているものと思って縦向きに盛りつけていましたが、なんとお弁当箱は横向きにして食べているということに！……ということで今日からこの方向に盛りつけることにしました。塩鮭、菜の花のごま和え、それから金沢の市場で買った能登産の肉厚しいたけのフライ。いかにもザ・お弁当という感じでおいしそう。好みのタイプです。

お問い合わせ先

本書で紹介したアイテムのうち、品切れなどにより扱っていない場合があります。あらかじめ、お問い合わせのうえ、お求めください。お問い合わせ先の情報は、2016 年 1 月 30 日現在のものです。

P.8　二 ▶ 盛りつけ箸
市原平兵衛商店
☎ 075-341-3831
京都府京都市下京区堺町通四条下ル
　小石町 118-1

P.14　七 ▶ 崎陽軒のシウマイ弁当
崎陽軒
☎ 0120-882-380
http://www.kiyoken.com/

P.16　八 ▶ 赤トンボのサンドウヰッチ
赤トンボ
☎ 03-3243-9901
http://www.akatombo1950.com/
電話での予約のほか、日本橋髙島屋、
　新宿髙島屋でも取り扱いあり。

P.18　九 ▶ 海大臣
ほぼ日刊イトイ新聞
http://www.1101.com/

P.36　十九 ▶ だし巻き弁当
米屋のおにぎり屋 菊太屋米穀店
☎ 0120-06-8423
http://www.kikutaya.co.jp/
2016 年春、ニュウマン新宿店オープン。

P.38　二十 ▶ いなり弁当
豆狸
☎ 072-754-1001（阪急デリカ）
http://hankyu-delica.co.jp/

P.42　二十三 ▶ 京風 すし酢パック
孝太郎の酢（林孝太郎造酢）
☎ 075-451-2071
http://koutarou-su-shop.com/

P.54　三十一 ▶ ごはんやパロル
☎ 03-6434-5959
東京都港区青山 2-22-14
　フォンテ青山 101

P.62　三十四 ▶ 一わんみそ汁
本田味噌本店
☎ 075-441-1121
http://www.honda-miso.co.jp/

P.66　三十七 ▶ 赤飯弁当
弁松
☎ 03-3279-2361（日本橋本店）
http://www.benmatsu.com/

P.68　三十八 ▶ お惣菜
ビアン
☎ 03-3722-7799
東京都大田区田園調布 3-25-2

P.84　五十 ▶ カスクート
ワルダー
☎ 075-256-2850
京都府京都市中京区麩屋町六角下ル
　坂井町 452 ハイマート・ふや町 1F

P.142　八十 ▶ **アジアン弁当**
花果(ホアクア)
☎ 052-851-1177
愛知県名古屋市昭和区台町 3-3-1

P.148　八十四 ▶ **余志屋**
☎ 075-221-5115
京都府京都市中京区先斗町通三条下ル
材木町 188

P.164　九十 ▶ **ヴェトナム風チキンライス**
Pho321 Noodle bar
☎ 03-6432-9586
東京都渋谷区神宮前 2-35-9 #102

P.174　九十六 ▶ **粟麩巻**
いづ重
☎ 075-561-0019
京都府京都市東山区祇園石段下

P.176　九十七 ▶ **フルーツサンド(1人前)**
ヤオイソ四条大宮店
☎ 075-841-0353
京都市下京区四条大宮東入ル
立中町 488

P.86　五十一 ▶ **ハッピー六原**
☎ 075-561-2185
京都府京都市東山区轆轤町 110

P.89　五十三 ▶ **小松こんぶ**
雲月
☎ 075-223-5087
京都府京都市上京区寺町通今出川下ル
二筋目角

P.91　五十五 ▶ **銀杏のまな板**
有次
☎ 075-221-1091
京都府京都市中京区錦小路通御幸町
西入ル

P.102　六十二 ▶ **ばらちらし**
二葉
☎ 0422-47-2360
東京都三鷹市下連雀 3-29-4

P.124　七十三 ▶ **河井寛次郎記念館**
☎ 075-561-3585
京都府京都市東山区五条坂鐘鋳町 569

P.140　七十九 ▶ **炭火焼弁当**
まつざか
☎ 052-951-2060
愛知県名古屋市中区錦 3-12-22
新錦ビル 1F

伊藤まさこ

一九七〇年横浜生まれ。
料理や雑貨など暮らしまわりのスタイリストとして
雑誌や書籍で活躍。
自他ともに認める食いしん坊。
おいしいものを探して日本の各地、海外へと飛び回っている。
著書に『ザ・まさこスタイル』『白いもの』（マガジンハウス）、
『あした、金沢へ行く』（宝島社）など多数。

ブックデザイン　茂木隆行
撮影　日置武晴　＊日々の弁当は著者撮影
プリンティングディレクション　栗原哲朗（図書印刷）
協力　高橋良枝

＊この本は、雑誌『日々』36号（アトリエ・ヴィ発行）に加筆・訂正をし、
あらたな取材を加えて再編集したものです。

おべんと帖　百

二〇一六年三月十日　第一刷発行

著者　伊藤まさこ
発行者　石崎孟
発行所　株式会社マガジンハウス
〒一〇四 - 八〇〇三
東京都中央区銀座三 - 十三 - 十
書籍編集部　☎〇三 - 三五四五 - 七〇三〇
受注センター　☎〇四九 - 二七五 - 一八一一

印刷・製本　図書印刷株式会社

ISBN978-4-8387-2838-1 C0095

マガジンハウスのホームページ
http://magazineworld.jp/